社会システム理論生成史

V. パレート・L.J. ヘンダーソン・T. パーソンズ

赤坂真人

関西学院大学出版会

社会システム理論生成史
V.パレート・L.J.ヘンダーソン・T.パーソンズ

目 次

序章　1
1　本書の目的 …………………………………………………… 1
2　本書の構成 …………………………………………………… 4

1章　社会システム理論の始祖：ヴィルフレード・パレート　7
1　パレートの学問的遍歴：数学・物理学の研究から経済学者、そして社会学者へ ……………………………………………………… 7
 1.1　数学・物理学の研究から経済学者へ
 1.2　パレートの経済学理論
 1.3　経済学者から社会学者へ
 1.4　『一般社会学大綱』の執筆
2　『一般社会学大綱』の構成 ………………………………… 15
3　パレートの行為理論 ………………………………………… 18
 3.1　パレートの行為理論の位置づけ
 3.2　論理的行為と非論理的行為
 3.3　パレートの行為理論の問題点
 3.4　行為の準拠枠組
 3.5　「心的状態・心的状態の言語的表象」と「残基・派生」
 3.6　パレートの行為理論の戦略
4　パレートの行為理論の理論的射程 ………………………… 28
 4.1　知識社会学的分析
 4.2　機能主義的分析
5　残基と派生 …………………………………………………… 31
 5.1　残基
 5.2　派生
 5.3　残基と派生概念の欠陥
  5.3.1　用語上の問題
  5.3.2　説明力の問題

6 パレートの社会システム理論　　37
6.1 人間行為の非論理性と社会秩序の成立
6.2 社会システムの均衡分析
6.2.1 社会システムの構成要素
6.2.2 構成要素間の関係の定式化
6.2.3 社会システムの境界
6.3 社会システムと「力」の行使
6.4 システムを構成する要素の相互依存
6.5 社会システムにおける政治体制
6.6 社会システムにおける経済変動
6.7 エリートの周流
6.8 社会システムと派生（体）

7 歴史における社会的均衡　　49
7.1 社会システムの変動とエリートの周流との峻別
7.2 ファシズムのマルクス

2章　ローレンス・ジョージェフ・ヘンダーソン　　61

1 社会システム理論の仲介者 L.J. ヘンダーソン　　61
2 システムと均衡　　62
2.1 ヘンダーソンにおける方法論の思想史的位置づけ
2.2 システムと均衡
3 生化学者・生理学者としてのヘンダーソン　　65
3.1 生化学者への道のり
3.2 酸‐塩基均衡の数学的定式化
3.3 自然哲学と目的論の展開
3.4 生化学者から生理学者へ
3.5 血液の研究
3.6 疲労研究所の開設

4　社会科学への関心 …………………………………………………… 74
　　　　4.1　パレートとの出会い
　　　　4.2　社会学の構想
　　　　付表　ヘンダーソン年表

3章　社会学者としてのL.J.ヘンダーソン　　85
　1　パレートの紹介と論争 ……………………………………………… 85
　　　1.1　ハーバード・パレート・サークル
　　　1.2　パレート論争
　2　社会学への貢献 ……………………………………………………… 91
　　　2.1　科学哲学
　　　　2.1.1　構成主義者として
　　　　2.1.2　概念図式
　　　　2.1.3　具体性置き違えの誤謬
　　　　2.1.4　科学的言明の近似的性質
　　　　2.1.5　論理実証主義への接近
　3　システムおよび社会システム概念の導入 ………………………… 96
　　　3.1　システム
　　　3.2　社会システム
　4　パレート社会学の布教 ……………………………………………… 98
　5　医療社会学に対する貢献 …………………………………………… 98
　6　ヘンダーソンによる社会学の展開 ………………………………… 101
　　　6.1　Sociology 23 Lectures
　　　6.2　社会学の概念図式
　　　6.3　社会学方法論
　　　　6.3.1　社会学のデータ
　　　　6.3.2　モデルとしての医師の方法
　　　　6.3.3　研究対象への直感的習熟

4章　パーソンズによるパレートとヘンダーソンの継承　113
1　ヘンダーソンの影響の経路と範囲 …………………… 113
2　パーソンズに対するヘンダーソンの社会的－精神的支援 ……… 116
 2.1　職業上の地位をめぐる支援
 2.2　『社会的行為の構造』の草稿をめぐる個人的会合
 2.3　医療社会学の研究をめぐって
3　パーソンズに対するヘンダーソンの知的影響 ……………… 120
 3.1　科学方法論：分析的実在主義
 3.2　事実と概念図式
 3.3　ヘンダーソンと分析的実在主義
 3.4　分析的実在主義の問題点
 3.5　概念図式と理論の関係
4　パレートの知的遺産 ………………………………… 131
 4.1　パレートの方法論
 4.2　パレートの方法論と分析の準拠枠組
  4.2.1　認識における客観主義
  4.2.2　普遍化的経験主義
   a）経験への準拠
   b）認識論的実在論
   c）存在論的実在論
   d）経験から理論へ
   e）科学的認識の相対性
  4.2.3　経験と論理の二元性
  4.2.4　測定とデータ処理
  4.2.5　科学的一元論
  4.2.6　科学的認識における価値からの自由
   a）価値判断の排除
   b）社会科学の分析方法
5　パーソンズによるパレートの継承 ………………………… 142
 5.1　科学方法論：実証主義

  5.2　パレートの社会システム理論とパーソンズ
 6　パーソンズの社会システム理論 ……………………………… 145
  6.1　有機体的均衡維持システムとしての構造‐機能システム
  6.2　パーソンズによる社会システムの彫琢

あとがき ………………………………………………………………… 157
文　献 …………………………………………………………………… 159
人名索引 ………………………………………………………………… 171
事項索引 ………………………………………………………………… 174

序章

1　本書の目的

　社会システム理論はマクロ社会学理論の主要理論である。だが意外なことに、いかなる経路を経て社会学にシステム理論が導入されたかについては、あまり知られていない。結論を言えば、それはイタリアの経済学者であり、晩年、社会学者に転身したヴィルフレード・パレート（Vilfredo Pareto：1848–1923）によって社会学に持ち込まれ、それをアメリカの生化学者であったローレンス・ジョーゼフ・ヘンダーソン（Lawrence Joseph Henderson：1878–1942）がアメリカ社会学に導入し、彼を通してタルコット・パーソンズ（Talcott Parsons：1902–1979）とジョージ・キャスパー・ホーマンズ（George Casper Homans：1910–1989）に継承されていった。

　パレートのシステム理論は力学的システムモデルに依拠していたが、パーソンズはこれと決別し、アメリカの生理学者ウォルター・ブラッドフォード・キャノン（Walter Bradford Cannon：1871–1945）のホメオスタシス（生体恒常性）に代表される生物学的システムモデルに基づいて構造－機能分析と呼ばれる分析方法を確立した。他方、パレートの力学的システムモデルを継承したホーマンズは個人間の相互依存関係、とりわけ個人間の交換の互酬性に焦点を定めたミクロな社会システム論の構築を目指した。その後、生物学的システムモデルに依拠したパーソンズの社会システム理論はニクラス・ルーマン（Niklas Luhmann：1927–1998）らに引き継がれ、主に「自己組織系」の理論として展開されている。他方、パレートの力学的システムモデルを継承したホーマンズの社会システム理論は、トーマス・J. ファラロ（Thomas J. Fararo：1933– ）らによって数理社会学・フォーマル・セオリーに姿を変え、さらなる発展を遂げた。おそらく生物学的システムモデルの流

れを汲む「自己組織系理論」と力学的システムモデルに基づく「ネットワーク分析」や「フォーマル・セオリー」にはじめて接した人々は、両者を、理論的源泉を異にする理論であると思うに違いない。

　本書の目的はこれら2種類の社会システム理論のうち構造－機能主義理論として、1940年代後半から1960年代前半にかけて一時代を築いた、パーソンズの社会システム理論と分析的実在主義(Analytical Realism)と呼ばれる彼の方法論・認識論の生成過程を明らかにすることにある。パーソンズの社会システム理論は20世紀中葉における社会学のメインパラダイムであったにもかかわらず、筆者の知る限り、その生成過程を明らかにした研究はほとんどなされていない。またこの作業は、間接的にではあるが、パレート、ヘンダーソンからホーマンズへ継承されていった社会システム理論が、ルーマンや今田高俊によって展開されている自己組織性社会システム理論と起源を同じくするものであることを明らかにするだろう。以下、本書によって明らかにされる事項を簡潔に示しておく。

　第1に、マクロ社会学理論の主要理論である社会システム理論を最初に提唱したのは、イタリアの経済学者ヴィルフレード・パレートである。だが彼の試み、すなわち力学的システムモデルに依拠した彼の社会システム論はほとんど評価されず、むしろ「エリートの周流」を中心とする、リアリスティックな政治過程論が政治学者に高く評価された。著名な数理経済学者として功成り名を遂げたパレートが、なぜ晩年に至り社会学者に転身し、社会のシステム分析を試みたのか。本書ではその経緯と、パレートの社会学理論の全容を明らかにし、行為論者、知識社会学者、機能主義者としてのパレート解釈を試みる。

　第2に、経済システムの均衡分析と比較した場合、明らかに失敗に終わったと判断せざるをえないパレートの社会のシステム分析を、有力なマクロ社会学理論にしたてあげたのは、タルコット・パーソンズであった。だがパーソンズはパレートの社会システム理論に直接出会ったわけではない。それはアメリカの著名な生化学者であったローレンス・ジョーゼフ・ヘンダーソンを介してパーソンズとアメリカ社会学に持ち込まれた。なぜ世界的に著名な生化学者であったヘンダーソンがパレートの社会学理論に共鳴し、パレー

トをめぐる激しい論争を展開し、生化学の研究を放棄して最晩年の10年を社会学の研究に専心したのか。本書ではその経緯を克明に記述し、同時にヘンダーソンの社会学に関する業績と貢献を紹介する。アメリカではヘンダーソンの講義に大学院生として出席したバーナード・バーバー（Bernard Barber：1918－）が、ヘンダーソンの社会学に関する論文を集め、これにコメントを添えて『ヘンダーソン：社会システムに関して』(HENDERSON On The Social System, 1975)と題する本を出版している[1]。しかし日本では筆者の論文を除いてヘンダーソンの生化学および社会学を取り上げ、検討した社会学者の業績は存在しない。

　第3に、パーソンズは社会のシステム分析（社会を構成する諸変数の相互関連性の分析）に取り組む前に、20世紀中葉における社会学理論の憲章とも言うべき『社会的行為の構造』においてマックス・ウェーバー（Max Weber：1864－1920）、エミール・デュルケーム（Émile Durkheim：1857－1917)、ヴィルフレード・パレート、アルフレッド・マーシャル（Alfred Marshall：1842－1924）の理論的収斂を試みた。なぜパーソンズは主意主義的行為理論にパレートを加えたのか。この第3の論点は、一見、第1、第2の論点と関連性がないような印象を与えるかもしれない。だがそうではない。当初、パレートとパーソンズを結びつけたものは、社会のシステム分析という方法論や科学哲学よりも、むしろ人間行為の非合理性と社会秩序の成立に対する関心であった。ウェーバーは近代社会の特徴を「合理化の進展」に見た。だが、もしすべての人間が功利的かつ合理的に行為するならば、必ずや諸個人の利害の衝突が生じ、社会秩序は成立しない。なぜ社会に秩序が成立するのか。誤解を恐れず、ひとことで言えば「社会秩序は人間行為の非合理的要素によって成立する」のである。

　ウェーバーはこの非合理的要素を「価値合理的・感情的・伝統的」という用語で表現した。デュルケームは「連帯・道徳」という用語で表現した。そしてパレートは「非論理的（感情）」という用語で表現した。社会秩序は人間理性による社会契約ではなく、非合理な感情によって維持される。パーソンズの言葉で言えば、人間行為に合理的要素のみならず非合理的要素が組み込まれているがゆえに行為システムの秩序が維持される。パーソンズはこれら

を「規範的要素」という用語に集約し、3者の理論を収斂させた。後にパーソンズはジークムント・フロイト (Sigmund Freud : 1856 - 1939) を加え、「価値・規範的要素の社会システムへの制度化とパーソナリティへの内面化」という図式で社会秩序の成立と維持を説明した。この理論がパーソンズ理論の金字塔であることは間違いない[2]。

　最後に次の点を強調しておきたい。くどいようだが、パーソンズが最初に社会のシステム分析という発想を与えられたのはパレートによってであった。にもかかわらず世界中でウェーバーやデュルケームとパーソンズの影響関係について分析・解釈した論文が数百数千と書かれているのに対し、パレートとパーソンズの影響関係についてはほとんど言及されておらず、パレートとパーソンズを媒介したヘンダーソンとの学問的影響関係、精神的支援について書かれたものは皆無に等しい。なぜこのような空白が生じたのか。おそらくほとんどの社会学者は、その原因をパレート、ヘンダーソンがパーソンズに与えた影響が限られたものであったからだと推測するだろう。しかしパーソンズのすべての著作に流れる通奏低音としての分析的実在主義と、彼が生涯、彫琢し続けた社会システムの動態的均衡分析という方法は、明らかにパレート、ヘンダーソンから受け継いだものである。本書はこの社会学史上の空白を埋める試みである。この作業によって読者の方々に、パーソンズによって開花した機能主義的社会システム理論のルーツが多少なりとも明らかになったと感じていただければ本書の目的は達せられたと言ってよい。

2　本書の構成

　このような問題意識に基づいて、本書第1章ではまず社会学に社会のシステム分析という手法を持ち込んだパレートの意図と経緯を明らかにする。そして社会システム理論の基礎理論である「行為理論：論理的行為 vs. 非論理的行為」と、そこから抽出された社会システムの分析ツールとしての「残基と派生」の内包を正確に分析・提示する。そしてパレートの行為理論と、それに立脚して展開されたパレート版社会システム理論の理論的射程を評価

する。

　第2章では、パレートの社会学をハーバード大学の研究者に紹介し、1930年代のハーバードに「パレート教」と呼ばれたパレート・ブーム生じさせた生化学者、ローレンス・ジョーゼフ・ヘンダーソンの足跡を追う。ここではまず生化学者としてのヘンダーソンの業績に言及する。それによって両者の科学哲学や方法論の類似性が明らかになるからだ。その後、なぜ著名な生化学者のヘンダーソンがパレート社会学に魅了され、晩年を社会学の研究に費やすことになったのか、その経緯を明らかにする。

　第3章では、ヘンダーソンの社会学および社会学に対する貢献を明らかにする。本来、彼は生化学者であり、実際、彼の10年に及んだ社会学の研究も、当時の社会学者から高い評価を受けることはなかった。しかし彼は「社会システム」、「概念図式」、「均衡」といった概念を社会学に定着させ、それらは当時、同僚であったパーソンズやジェーゼフ・アロイス・シュンペーター（Joseph Alois Schumpeter : 1883 – 1950）、ヘンリー・アレクサンダー・マーレー（Henry Alexander Murray : 1873 – 1988）、大学院生だったロバート・キング・マートン（Robert King Merton : 1910 – 2003）、G.C.ホーマンズ、B.バーバー、ウィリアム・フット・ホワイト（William Foote Whyte: 1914 – 2000）、学部生だったキングスレイ・デーヴィス（Kingsley Davis: 1908 – 1997）、といった次世代のアメリカ社会学を担う面々を通して社会学に影響を及ぼした。

　パレートがその社会学的業績以上に有名になったのは、パーソンズが彼の理論を『社会的行為の構造』の中で主意主義的行為理論に収斂させたからにほかならない。第4章ではパーソンズが、当時、どのような状況下でヘンダーソンと出会い、彼をリーダーとするハーバード・パレート・サークルに加わり、パレートを行為理論に組み込んでいったかを明らかにする。同時にパーソンズがヘンダーソンを経由して受け取った「概念図式」、「社会システム」、「均衡」といった概念のうち、これまで誰も明確に提示しなかった「概念図式」および「分析的実在主義」の内包をパラフレーズし、現象学的社会学、シンボリック・インタラクショニズムやエスノメソドロジーといった、いわゆる意味学派との「行為者の主観的意味」をめぐる二項対立的関係を明

らかにする。

　本書の母体となった博士論文(関西学院大学)では、最後に、補論としてパーソンズによる社会システム論の彫琢の軌跡と、それらに一貫して流れるシステムの動態的均衡およびパーソンズ以降、彼の社会システム理論を継承した人々の動向について言及した。パーソンズ亡き後、彼の社会システム理論は吉田民人、ニクラス・ルーマン、ユルゲン・ハバーマス (Jürgen Habermas : 1929 –)、今田高俊などによって自己組織性システムの理論として彫琢が続けられている。

　彼らの社会システム理論に一貫しているのは、マクロな視点から構築されたパーソンズの構造―機能システムに、ミクロな諸個人の主観的意味を組み込み、ミクロとマクロ、全体システムによる制御と構成要素の自律性、リアリズム(客観的実在)とノミナリズム(主観的意味)の統合を企図している点である。しかしながらこの部分はパレートの経済システムの均衡分析に源を発する社会システム理論が、いかにしてパーソンズに継承されていったかという本書のメインテーマとの関連性が薄いという理由で削除した。

【注】

(1) Barber, Bernard, 1975, L.J.Henderson, *On The Social System: Selected Writings,* edited and with an introduction by Bernard Barber, The University of Chicago Press.
(2) Parsons, Talcott,1945, Pp.226-7. ちなみにパーソンズにフロイトを読むように勧めたのは心理学者のエルトン・メーヨー(George Elton Mayo : 1880 – 1949)である。(Parsons,Talcott,1977, p.34.)

1章 社会システム理論の始祖 ヴィルフレード・パレート

1 パレートの学問的遍歴
――数学・物理学の研究から経済学者、そして社会学者へ

1.1 数学・物理学の研究から経済学者へ

　ヴィルフレード・パレート（Vilfredo Pareto: 1848-1923）は1848年7月15日、亡命イタリア貴族であった父、ラッファエーレ・パレートとフランス人女性マリ・メテニエの息子としてパリに生まれた。子どもの頃から数学に非凡な才能を見せていたパレートは、ピエモンテの小都市にあった中等学校の理数コースを優秀な成績で卒業、1864年トリノ大学に入学し、数学を専攻した。1867年トリノ大学を首席で卒業後、ただちにトリノ理工科大学に入学し、1870年に「剛体の弾力性理論の根本的諸原理およびその均衡を決定する微分方程式の積分について」と題する論文によって博士号を取得した。この論文は剛体の力学的均衡について論じたものであるが、そこで用いられたシステムの均衡分析という手法は、後の経済学および社会学の分析方法の基礎となった。[1]

　1870年、トリノ理工科大学の卒業と同時に、パレートはフィレンツェのローマ鉄道会社に就職し1874年まで在職、その後、イタリア鉄鋼会社の支配人として1890年まで勤務した。そしてイタリア鉄鋼会社の支配人の職を辞した1890年、パレートはその後の人生を方向づけることになるローマ大学の経済学教授マフェオ・パンタレオーニ（Maffeo Pantaleoni : 1857-1924）と出会う。これを機にパレートはローザンヌ大学の経済学教授であったレオン・ワルラス（Marie Esprit Léon Walras : 1834-1910）の数理経済学、すなわち経済システムの数学的均衡理論の研究を開始し、1893年にはパンタレオーニの推薦によりワルラスの後任としてローザンヌ大学法学部員外教授と

なり、純粋経済学と応用経済学とを講ずることになる。翌1894年には正教授に任命され、1896年には所得分布の不平等度に関する「パレートの法則」を定式化した『経済学講義(Coursd'économie politique : 1896-97)』を著した。本書は経済システムの一般的均衡とそれを支える相互依存性を分析したものであるが、この分析手法はローザンヌ学派を特徴づけるもっとも重要な指標である。[2]

1.2 パレートの経済学理論

経済学者としてのパレートの研究テーマは「経済システムの一般均衡分析(general equilibrium analysis)」であった。一般均衡分析とはレオン・ワルラスが創始した分析方法で、後に彼の後継者であるV.パレート、ジョン・リチャード・ヒックス(John Richard Hicks : 1904-89)、ジョーゼフ・アロイス・シュンペーター、ポール・アンソニー・サミュエルソン(Paul Anthony Samuelson : 1915-)によって洗練され、近代経済学の主要パラダイムとなった分析方法である。詳しい説明は理論経済学の文献を参照していただくとして、経済学理論の概説書に依拠し、そのアイデアを簡単に述べれば、経済システムの一般均衡分析とはさまざまな財(人々が消費や生産といった経済活動において用いる財貨やサービス)を含む市場全体における価格と需要・供給の同時決定のメカニズムを分析するものである。

ワルラスによる一般的均衡分析の最大の貢献は、解析力学を手本とし、経済システムの均衡を連立方程式で記述するという方法を用いたことである。そしてワルラスよりもはるかに数学的才能に恵まれていたパレートは、その才能を縦横無尽に駆使し、ワルラスのアイデアを精緻化した。ちなみに松嶋敦茂によればパレートも大数学者ジョゼフ・ルイ・ラグランジュ(Joseph Louis Lagrange : 1736-1813)の『解析力学』(Mécanique analitique, 1786)によって一般均衡分析に導かれたという。[3] パレートの一般均衡分析は「最小の努力で最大の満足を確保するために、目標に対して最適な手段を選択する」と仮定されたホモ・エコノミクスを前提とし、人々の欲望および選好と、その充足に対する障碍のみを変数として、特定の経済システムに関与している個人の満足に関する極大値(均衡点)を連立微分方程式で記述するものであ

る。だがパレートはここで大きな壁にぶつかった。確かに純粋経済学の理論において、個々人の効用の極大化、すなわち満足の理論的極大値（＝均衡点）を決定することができる。だが現実社会においてそのような均衡が成立することはめったにない。なぜこのような理論と現実の乖離が生じるのか。一言でいえば、その原因は何よりも純粋経済学の特性にあった。

　御崎加代子によれば「ワルラスにとっての純粋経済学は、絶対的自由競争という仮説的制度のもとでの価格決定の理論であった。そこに登場する経済の諸概念は現実から借りられたものではあるけれども、そのあとは現実とは一旦切り離されて、先験的な方法で議論が展開される。そしてそこにおいて効用の最大という結論が導きだされたときから、純粋経済学に描かれた経済秩序は普遍的な実現可能性を秘めた理想状態としての性格を帯び始め、その抽象的な秩序を現実にいかに組織してゆくかという課題が応用経済学に与えられることになった。純粋経済学はいわば現実からは超越しており、それは現実経済における検証を必要としないのである」(傍点筆者)。

　厳格な実証主義者パレートにとって、経験的事実によって検証されない理論は形而上学に等しい。そこでパレートはワルラスの一般均衡理論に重要な修正を加える。まず彼はワルラスが前提としていた効用(utility：人が財を消費することによって得られる満足の水準)概念と効用の可測性を一般均衡理論から駆逐し、それに代えてオフェリミテ(ophélimité：消費者の主観的な嗜好体系)という概念と無差別曲線(indifference curve：消費者の選好に関する無差別な〈＝同じ満足度をもたらす〉組み合わせを示す2財からなるユークリッド空間に投影された主観的満足の曲線)を提示した。

　これによってパレートは一般均衡理論を個々人の効用の可測性（基数的効用：cardinal utility）とその集計値の極大化を社会的善とする功利主義的発想を否定し、消費におけるある消費財の組み合わせが他の組み合わせよりも好ましい場合、その選択はより大きな効用をもつという序数的効用(ordinal utility)のみを前提とする選択理論に変容させた。

　選択理論を分かりやすく言えば次のようになる。今、Aさんが10本の缶コーヒーを持っている。Bさんは5個のケーキを持っている。2人とも相手の持っているものが欲しい。そこで2人は缶コーヒーとケーキを交換するこ

とにした。まずAさんは缶コーヒー3本とケーキ2個との交換を提案した。だがBさんはそれでは自分の方が損をすると感じ、提案を拒否した。そこでAさんは缶コーヒーとケーキの平均市場価格を考慮して、缶コーヒー5本とケーキ2個との交換を提案した。これなら平等だと感じたBさんは提案に賛成し、缶コーヒー5本とケーキ2個を交換した。このときAさん・Bさんの満足度が最も高くなっているとすれば、この状態をパレート最適（Pareto optimum）という[8]。

パレート最適とは他の誰かの利益や満足を損なうことなく、ある人の利益や満足を今以上に引き上げることが不可能になった状態をいう。ゆえに通常その時点で交換に従事している当事者はそれ以上の交換に対する動機付けを失い、交換を停止する（経済的均衡状態）。パレート最適を彼自身の定義で表現すれば、以下のとおりである。

「この位置からほんの僅か遠ざかるにことによって、この社会の全個人が享受するオフェリミテが増大するか、あるいは減少するようにする手段を見出しえないとき、すなわちある諸個人の享受するオフェリミテの増大と他の諸個人のオフェリミテの減少、つまりある人には快適になるが他の人には不快な結果に必ずなる」点である[9]。

たとえば上述の例でいえば、もしAさんが前言を翻し、缶コーヒー4本とケーキ2個の提案をすれば、Bさんの満足度は低下し、交換を拒否する。逆にBさんが缶コーヒー6本とケーキ2個の提案をすれば、今度はAさんの満足度が低下しこれまた交換は成立しない。しかしながら注意しなければならないことは、Bさんがケーキをあまり好まず、そんなにたくさんのコーヒーもいらないと感じている場合、AさんとBさんの間で缶コーヒー3本とケーキ2個の交換が成り立つこともあるという点である。先にオフェリミテを主観的な嗜好体系と定義したのはこの意味である。したがって理論的にはさまざまな交換（均衡）が成立する可能性がある。そしてこの可能性としての均衡点を線で結んだものが無差別曲線である[10]。

1.3 経済学者から社会学者へ

なぜパレートが経済学者から社会学者へ転身したかについては、彼を取り巻く当時の社会状況および彼の学問的関心の二方向から説明する必要がある。もちろん両者は相互に深くかかわっているが、便宜的にこれを区別して考察しよう。

社会との関わり：上述のようにパレートは博士号を取得後、約15年間にわたり実業界で活躍し、その間、経済、社会、政治に関するさまざまな出来事を経験した。わが国におけるパレート研究の第一人者、松嶋敦茂によれば、彼は民主主義、共和主義、自由貿易、軍備縮小を支持する、きわめて急進的な論陣を張り、結果的には落選の苦汁を飲むことになったが、1880年と1882年には反体制派の候補として国会議員に立候補した。晩年のパレートは「セリニーの隠者」と呼ばれるほど書斎に閉じこもり、孤独のうちに研究に没頭したが、対照的に若き日のパレートは精力的に社会と深くかかわっていたのである。[11] 1890年パレートは実業界から身を引くが、それでも彼は経済学の研究を続けながら1893年ころまで数多くの時事問題に関する論文を発表し、反政府的な論説を展開していた。[12] ところがその後パレートは徐々にこれらの自由主義や民主主義、人道主義、進歩、理性といった理念に懐疑的になり、「パレートの法則」で有名な『経済学講義』を執筆し終えた後、社会学へ関心を向け始める。1894年の正教授就任講義においてパレートは、人間社会の総合的理解には、経済学と並んで社会学的研究が必須であると述べたが、その後、人間の社会的行為においては、経済学が分析する合理的行為（論理的行為）よりも非合理的行為（非論理的行為）が重要な意義を持つという認識に至り、1897年、ローザンヌ大学で「社会学原理」と題する講義を開始した。

なぜパレートは理想的・急進的な民主主義者から反理想主義者へ転向し、経済学から社会学へ研究の中心を移していったのか。これに関しイギリスの政治学者サミュエル・エドワード・ファイナー（Samuel Edward Finer：1915－）は1898年以降、フランスのドレフュス派がその勝利に乗じて行ったあさましいやり口に対する幻滅や、イタリアおよびフランスの労働組合が新

しく獲得した、労働組合結成の権利を濫用するやり方等に対する幻滅が、パレートをして進歩的、理性的、民主的な勢力の俗物性に対する失望と怒りを生じさせ、彼を反理想主義者に転向させたのではないかと推測している。[13]

たしかに人間の権利のための闘争といった崇高な目標を掲げる運動や闘争にも、しばしばその理念を疑わせるような人間のあさましさや卑劣さが含まれていることは否定しがたい事実である。この事実に対する失望と怒りが、イタリア貴族（公爵）の出身という高貴な出自と、これらの理想に注がれた若き日のパレートの情熱によっていっそう強化され、彼の価値観のベクトルを逆転させたとも考えられる。大著『一般社会学大綱（*Trattato di Sociologia Generale*,1916)』にはこれら理想主義者や民主主義者、そして社会主義者が提示する理想に対するシニカルなコメントが満ち溢れている。拙稿「パレート行為理論再考,1996」で繰り返し述べたように、パレート社会学の主要課題の一つは人間行為の非論理性を見抜き、それを正当化する言説の論理的粉飾を剥ぎ取り、その背後に隠蔽されている真の動機および利害関心を暴露することであった。[14]

学問的関心：パレートは経済学で実践した経済システムの一般均衡分析を、経済をサブシステムとしてその中に含むより包括的な社会システムに応用しようと考えた。パレート自身、経済システムとは比較にならない変数の多様性と、変数自体の数量化の困難さから、この企てが極めて困難であり、社会システムの一部を扱うに留まらざるを得ないことは、じゅうぶん承知していた。にもかかわらずこの試みに着手したのは、経済現象の十全な理解には純粋経済学では扱うことが不可能な「経済政策の分析」が必要であると考えたからであった。それではなぜパレートは「経済政策の分析」が必要だと考えたのか。以下この点について説明しよう。

パレートは彼の経済学理論で提示したオフェリミテという概念をより包括的な社会に適用し、「ある集団に属する諸個人が最大の効用を享受する状態」、すなわち社会におけるオフェリミテの極大化（＝パレート最適）状態を仮定する。そして次にそこからの変動が生じる場合、Q点とP点という2つの点に向かう運動の可能性を考える。Q点に向かう運動とはシステムの成員

すべてを満足させるか、またはすべての人に害を及ぼす選択である。これに対しＰ点に向かう運動は、ある一定数の個人の利益のために行動することによって必然的に別の幾人かが害をこうむる選択をさす。[15]

　Ｑ点への移動に関しては、恐らくその選択がすべての成員の満足を平等に増大させるなら、すべての成員が賛成し、逆にすべての成員に害を及ぼすなら全員が反対するだろう。だがＰ点への移動、すなわち、すべての成員に有利となる分配の可能性が失われ、誰かの満足（オフェリミテ）を増大するために、他の誰かのそれを犠牲にせざるを得ない選択を迫られたとき、それを認めるか否か、（より正確に言えば、無数に存在するＰ点の中からどの点を選択するか）を純粋経済学の理論で決定することはできない。

　なぜならこの種の決定に関しては、誰の利益を増大し、誰の利益を犠牲にすべきであるかに関する倫理的、価値的考察、さらには成員間の勢力関係等に関する分析をも視野に入れた分配に関する理論が必要となるからである。パレートが経済政策の分析用具として社会学を要請した理由はここにある。現実社会においては、それが経済的均衡であれ社会的均衡であれＱ点での均衡は稀であり、多くの場合、誰かの満足を犠牲にして誰かの満足が増大するＰ点での均衡が常である。なぜこのような不平等な均衡が成立し維持されるのか。

　すでに述べたようにパレートは経済的効用の客観的可測性と個人間での効用の比較可能性を否定した。とすれば、当然のことながら社会における成員の多種多様な効用を何らかの基準によって等質化し、客観的に比較秤量することなどできるはずがない。しかしながら、現実問題としてこの作業が実行されないかぎり、すなわちある基準に従って資源および権力の分配を決定し、これをめぐる諸個人、諸集団の抗争に決着をつけなければ社会の安定を維持することができない。

　例えば事故後の保障をめぐって被害者の命を金銭に換算する場合を考えてみよう。そこには厳密な意味ですべての加害者、被害者および遺族を満足させる合理的な基準など存在しない。にもかかわらず為政者は、人々の異質な効用を等質化する何らかの基準に基づいて補償額を決定し、この問題に決着をつけねばならない。[16] だが諸個人の異質な効用を比較秤量する合理的かつ一

元的基準が存在しない以上、たとえ為政者が現行の法的基準に従って補償額を決定したとしても、基準制定に関与しない（できない）人々から見れば、その決定はきわめて恣意的なものに映るに違いない。ここからパレートは、社会システムにおける資源や富の分配に関して「われわれは感情のほかにいかなる基準も持たない」という結論に至る。[17] 本来異質な諸個人の社会的効用をいかにして比較秤量し、階級間に横たわる「不平等な」分配に対する同意を取り付け、社会的均衡を維持するか。パレートが社会学において明らかにしようとしたのはそのメカニズムであった。

1.4 『一般社会学大綱』の執筆

こうしてパレートは純粋経済学を補完するものとして社会学の研究を開始したが、それは必然的に非論理的行為を分析の対象とすることになった。なぜなら論理的行為を前提として構築された純粋経済学理論の適用を阻むものは、論理的行為の範疇からこぼれ落ちた非論理的行為に他ならないからである。パーソンズによれば、このようなパレートの試みは経済学と社会学をより包括的な人間行為の科学として、すなわち経済学を「論理的行為の分析」に限定し、社会学を「非論理的行為とその帰結の分析」を課題とするものとして定式化する意義をもつものであった。[18]

パレートに先立ち卓越した行為理論を展開したウェーバーと同様、パレートにとっても人間行為についての理論は、社会の形態の決定および社会で生起する運動についての説明を行うための基礎作業という位置づけを与えられていた。[19] だがこの目的を達成するにあたってパレートがとった戦略は、人間行為の非論理性を軸に据えるという点で特異なものであった。というのもウェーバーや経済学における功利主義者たちは、人間行為の合理性に軸足をおいていたからである。[20]

だが彼ら、とりわけ功利主義者たちが人間行為の合理性を理論の前提としたといっても、それは彼らが人間行為の非合理性を無視したことを意味するものではない。むしろ彼らを悩ませた問題のひとつは、理論において人間行為の非合理性をどのように位置づけるかという問題であった。彼らにとっては人間行為の合理性こそが社会秩序を可能とする要因であり、非合理性はそ

の撹乱要因と映った。[21]これに対しパレートはあくまでも「人間行為の非論理性」を分析の焦点に据える。人間行為の非論理性を強調することによって彼は何を明らかにしようとしたのか。この問題を考察する前に、『一般社会学大綱』の構成と内容を簡潔に要約しておこう。それによってパレートの行為理論と社会システム理論の関係についての理解が容易になると思われるからである。

2　『一般社会学大綱』の構成

　パレート研究において卓越した業績を残している経済学者の松嶋敦茂によれば、同書は大きく4つの部分に分けられる。すなわち第1章が予備的な方法論的考察であり、2章から5章までが本書の帰納的部分である。そして続く第6章から12章までが演繹的部分にあたり、最終章がここまで帰納－演繹されてきた理論の歴史的検証にあたるとしている。[22]以下、各章を全体的構成に留意しながら簡単に要約してみることにしよう。

　第1章ではパレートの方法論的立場である「論理－実験的」方法についての詳細な考察が展開される。基本的に自然科学の方法をモデルとする「論理－実験的」方法は、単に彼の科学哲学上の立場を示すのみならず、第3章－5章において人間行為の、とりわけ認識の非論理性を検討する際の、重要な方法的規準となっている。

　第2章では、まず人間行為のほとんどは非論理的であることが宣言される。そして非論理的行為の定義と分類が示された後、非論理的行為の準拠枠組たる「ABC図式」が提示される。

　以下、第3章から5章まで、第2章で呈示された図式に従っ

第1章	前おき
第2章	非論理的行為
第3章	学説史における非論理的行為
第4章	経験を超える理論
第5章	疑似科学的理論
第6章－8章	残基
第7章－10章	派生
第11章	残基と派生の諸属性
第12章	社会の一般的形態
第13章	歴史における社会均衡

図1　『一般社会学大綱』の構成

て「心的状態の言語的表象である理論C」、すなわち他者の感情に訴えることによって自らの行動を正当化し、支持を獲得しようとする意見、信念、イデオロギー、哲学、物語等の分析が展開される。

「学説史における非論理的行為」という標題を与えられた第3章では、アリストテレス、プラトン、ソクラテス、トマス・アキナス、ハーバート・スペンサー、オーギュスト・コント、ジョン・スチュアート・ミル、啓蒙主義者等の言説が俎上に載せられ、それらの非論理性、すなわち形而上学的性質、価値評価的性質、相互依存関係と因果関係との取り違え、論理的推論の誤りなどが指摘される[23]。そして本章の後半でこれらの言説に見出される、本来は非論理的行為であるものを論理的に見せかけるさまざまな技法が分析される[24]。

続く第4章では「経験を超える理論」の標題のもと、経験的検証が不可能な形而上学的命題の批判が展開され[25]、さらにこの批判に基づいて社会科学における理論のありかたが論じられる。それらは第1章で展開された議論と同様、科学哲学上のさまざまな論点に言及するものであるが、最終的に①「社会科学の命題は経験と観察から論理的に帰納され、かつ経験的に検証可能な命題であらねばならない」、②「それが不可能な形而上学的命題について科学はどのような判断も下せない」という2つの命題に集約される[26]。

社会科学方法論に言及した後、パレートは命題を①記述的命題、②実験的斉一性を主張する命題、③実験的斉一性に何かを付け加えるかまたはそれらを無視する命題の3つに分類し、このうち第1種と第2種の命題が科学的命題であり、第3種の命題は非論理的行為の規範となる非科学的命題であると規定する。そしてさらに第3種の命題を「非実験的要素が明確に導入されている命題グループA」と「非実験的要素の導入が不明瞭で、論理的な内実を持たないにもかかわらず、論理的粉飾を加えることによってあたかも論理的であるかのようにみせかける命題グループB」に分類し、第4章で前者の、続く第5章で後者の命題に関する詳細な分析を展開する[27]。

そして非論理的行為と結びついた非科学的または科学外的理論を分析した結果、彼は「われわれがCと表記する具体的理論には、相対的に安定しており、われわれの感情の表現と考えられるaという要素と、全体としてかなり

可変的かつ偶然的で、上記の要素aを説明し誘導する論理であるbという要素を含んでいる」という結論に達する[28]。ここでこの理論Cと称される心的状態の言語的表象こそ第6章以下で分析される「派生体」にほかならない。そしてその中に含まれる要素aおよびbが、それぞれ「残基」と「派生」である[29]。こうしてパレートは約500頁を費やして、ようやく社会システムを分析するもっとも重要なツールである「残基」と「派生」の内包を規定し、次の第6章から10章においてそれぞれの外延を特殊化してゆく。

　まず第6章－8章では多種多様な非論理的行為の分析を通して「残基」が抽出され、分類される。残基とは行為と結びついているさまざまな理論、すなわち行為者の本能、感情、性向、欲望などを表わす言語的表象（＝派生体）から帰納的に抽出された、「人間行動および感情の不変的な傾向性」である。

　この残基を抽出するためにパレートは次のような方法を用いる。人間行為を理解するためにはそれを生じさせた直接の原因と考えられる「行為者の心的状態A（感情や潜在意識など）」を把握する必要があるが、それらを直接に知ることは不可能である。それゆえわれわれは「行動B」と「心的状態の言語的表象C」を通して、これを間接的に推定することしかできない。そこでパレートはこの目的を達成するために「心的状態の言語的表象C」に着目し、次のような分析を行う[30]。

　「最初に行為の論理的要素を捨象し、非論理的要素を分離する。次に、非論理的行為のうちから顕示的の行為B……を捨象し、非論理的行為に含まれる言語的表出あるいは理論のみを分離する」[31]。そして「これらの理論は、論理－実験的科学の規準に従って批判的に分析され、そこに含まれている要素のうち、その要素に一致するものは取り除かれる。そして残った要素はさらに定数と変数とに分解される」[32]。こうしてパレートは無数の表象、理論、行動の奇異な形態、宗教的崇拝の様式、魔法や魔術といった事象に上記の作業を繰り返し、残基を帰納的に抽象化してゆく。

　ところですでに述べたように、この心的状態の言語的表現C（＝理論）には比較的変化しにくい部分、すなわち「残基」と比較的変化しやすい部分とが含まれている。後者の可変的要素は「派生（誘導論理）」と呼ばれ、残基によって表現される本能的行動や感情を説明し、それらを真理として人々に受

容させるための疑似論理およびレトリックを指す。

　第9章-11章では、今述べたところの「派生体」が分析され、抽出されるのであるが、ここで「派生」と「派生体」を混同しないように注意せねばならない。すなわち派生体は非論理的行為と結びついている「心的状態の言語表現C」そのものであり、派生は残基とともに派生体に含まれている要素（誘導論理）である。

　以上のように残基と派生を論理-実験的な方法に従って抽象化し分類した後、パレートは残基の一種であるが、論理的行為である経済的行為の主な動因であるという理由で「利害（利益）」を残基から区別し、社会システムの構成要素に加える。そして11章では、これらの① 残基 ② 利益 ③ 派生 に第4の要素として「社会の異質性」と「エリートの周流」を加え、第12章でこれらの要素間の作用と反作用の総体として概念化された「社会システム」の均衡分析を開始する。

　ここではさまざまな具体的事象に基づいて「社会的効用」、「社会における暴力の使用」、「投機家と金利生活者」、「相互依存関係の循環」、「統治階級と被統治階級の力学」、「社会現象の波動的展開」といった問題が分析されるのであるが、それはJ.シュンペーターが形容したように「政治過程の社会学」といった様相を呈している。(33)そして最終章では、古代ギリシャから20世紀に至るまでの多種多様な歴史的事件を題材として、第2章から第11章において展開されたさまざまな概念・命題が経験的に検討される。松嶋によれば、それはパレート理論の経験的な追検証であるとともに、彼の歴史観の表明であり、時代診断でもあった。

3　パレートの行為理論

3.1　パレートの行為理論の位置づけ

　以上が『一般社会学大綱』の骨格であるが、それでは本書の前半部で展開されるパレートの行為理論は、彼の社会学理論全体の中でどのような意味を持つのだろう。

第1にパレートの行為理論（論理的行為／非論理的行為）は、ウェーバーやパーソンズのそれと同様、準拠枠組として、すなわち社会学の学問的対象を規定する規準として機能する。すなわち、これによって社会学の学問的対象（非論理的行為）が明確に確定され、逆に経済的行為を生じさせる「論理的行為」は社会学の研究領域から排除されることになる。

　第2に、それは具体的な行為を分析するための主要な準拠枠組を与える。とりわけパレートが非論理的行為を分析するために展開した行為の準拠枠組とも言うべき「ABC図式」は、非論理的行為の分析にあたってどのような要素に注目し、どのような要素を無視するかについての重要な規準となる。

　第3に、パレートの行為理論は、社会システムの分析ツールを供給する。非論理的行為の分析から導かれた「残基」と「派生」の理論は、実質的にパレート理論の中核を形成し、これがなければ社会システムの分析を行うことはできない。すなわち上述のアウトラインで述べたように、パレートの社会システムは「残基」と「派生」、「利害（利益）」、「社会の異質性」と「エリートの周流」の相互依存の総体として概念化されるが、「社会の異質性」と「エリートの周流」が、実質的に残基と派生の理論に基礎づけられていることを考えれば、人間行為についての分析から導かれた「残基と派生」は、「究極的に社会の形態の決定、および社会で生起する運動についての総合的説明を行うための基礎作業」としての地位を占める。[34][35]

3.2　論理的行為と非論理的行為

　このような位置づけを与えられた行為理論が、まず論理的行為の定義から開始されるのは、社会学の対象たる非論理的行為を残余範疇として規定するため。パーソンズの言葉で言えば「経済理論によって無視されている行為の幾つかの要素を定義し、観察し、分類し、体系的に接近するための手がかりを作る」ためであった。[36]

論理的行為

　それでは「論理的行為」とはいかなる行為であるか。次に少し長くなるが「論理的行為」を、もっとも詳細に定式化している『一般社会学大綱』§150の

全文を引用してみよう。

　目的に対して適切な手段が用いられており、かつその手段が目的と論理的に結びつけられている行為が存在する。また行為の中にはこれらの性格が欠如しているものもある。これら二種類の行為は客観的な側面で考えられるか、それとも主観的な側面で考えられるかに応じてまったく異なったものとなる。主観的な観点からすればほとんどの人間行為は論理的行為の類型に属する。ギリシャ人水夫の目にはポセイドンに人身御供を献げるのも、櫓を漕ぐのも等しく航海の論理的手段と映った。煩わしく混乱させるだけの饒舌を避けるために、これら二種類の行為に名前を与えるのが良かろう。その行為を遂行する主体の観点からのみならず、より豊かな知識を持っている人々から見ても、その行為がその目的に対して論理的に結びつけられている行為、換言すれば、主観的にも客観的にもいま説明した意味で論理的な行為を論理的行為と名づけよう。他の行為は非論理的行為と呼ぶことにしよう。(非論理的ということは決して反論理ということを意味するものではない)[37]。

　この定義に次節で述べられる非論理的行為の類型に関する議論を補足して、論理的行為の特徴を整理すると次のようになる。① 目的に対する手段の適合性を行為主体が明確に自覚している。② 目的に対する手段の適合性が経験科学の知識に照らして妥当であると判断される。③ 主観的目的が客観的目的と一致する。
　すなわち論理的行為とは行為者の目的と、その実現にむけて彼が選択した手段との関係が科学的知識に照らし合わせてみた場合、適合的であると判断され、かつまた行為者自身もそのことを明確に意識しており、さらに行為者がある手段を遂行することによって成就されると予想する将来の事態(＝主観的目的)と、その手段の遂行によって実際に生じる結果(＝客観的目的)とが一致する行為である[38]。

非論理的行為

　非論理的(non-logical)とは、松嶋が指摘しているように行為が論理的規範以外のものに依拠して遂行されるということを意味しており、推論の法則に反しているという意味での反論理性(illogicality)を意味するものではない。それは論理的行為が満たさねばならない要件を欠くもの、すなわち①行為者が目的－手段に関する因果連鎖を認識、自覚しておらず、②自覚しているとしても客観的な観点(科学的観点)から見た場合、その適合性が妥当なものと判断されえず、③かつまた行為者が選択し遂行した行為によっては、その行為を遂行することによって成就すると予想された事態が達成されない場合の行為である。

　非論理的行為をパレートは、「客観的目的が含まれているか否か」、および「主観的目的が含まれているか否か」という2つの軸を組み合わせることによって4つに分類する。ここで客観的目的は、上述のとおり「ある手段の遂行によって実際に生じる結果」を、主観的目的は「行為者自身の主観において、ある手段を採用することによって成就されると想像されている将来の事態」を指すものとする。

表1　非論理的行為の分類

	客観的目的	主観的目的
第1種	なし	なし
第2種	なし	あり
第3種	あり	なし
第4種	あり	あり

　第1種の非論理的行為の典型は「儀礼と慣習に従って遂行される多くの行為」である。この場合、行為者の脳裏には手段－目的関係はもとより、目的そのものさえ描かれてはいない。この種の行為の典型としてはタブー(禁忌)が挙げられよう。たとえば、かつて日本では玄関を入るとき、「敷居を踏んではならない」というタブーがあった。しかしなぜ敷居を踏んではいけないのか、その客観的目的について確かなことは分かっていないし、主観的にも「ただそうしてはいけない」と感じていただけで、その行為が禁止される理由について、われわれは何も自覚していなかった。

　第2種の非論理的行為は無知や誤謬に基づく行為であり、航海の安全を願ってポセイドンに生贄を捧げるような呪術的行為がその典型である。この場合、行為者の主観においては目的と手段の適合性が存在するのであるが、

その適合性は客観的な観点から、すなわち科学的観点からは検証されえない。一般に多くの儀礼的行為は、人々が盲目的にその儀礼が要求する行動パターンに従っている限りは第1種の非論理的行為であると言えるが[42]、それらの行為に何らかのもっともらしい意味づけがなされると、第2種の非論理的行為へ転化する[43]。

第3種の非論理的行為は客観的観点、すなわち科学的観察者の視点からすれば、経験的に検証可能な手段－目的間の適合性が存在しているのであるが、行為者自身の主観においてはそのような因果連関が想定されていない場合の行為である。パレートはそれを「習慣に従って本能的かつ機械的に遂行されている」多くの人間行為であるとして[44]、動物における本能的行動をその純粋型としている。すなわち動物たちは個体と種の保存に適合的な行動を取るが、それは決して推論によるものではなく、身体に先天的に組込まれている本能に駆動された結果である[45]。人間の場合を考えて見ると、いわゆる「反射的行動」がそれにあたる。例えば目にゴミが入りそうになったので反射的にまぶたを閉じるという行動は、客観的な観点からみた場合、論理的な反応であるが、本人の主観においてはそのような手段－目的間の関係は自覚されていない。

最後に第4種の非論理的行為とは、行為者の主観において想像されている目的－手段関係は決して非論理－実験的なものではなく、それを遂行することによって何らかの結果が生じるのであるが、その結果（＝客観的目的）が、当初行為者がその手段を遂行することによって達成されると想像していた事態（＝主観的目的）と一致しない場合の行為を指す。

たとえばパレートによれば、自由競争下にある資本家は商品の価格を下げ商品の販売を促進すべく賃金カットといったコスト削減案を採用するが、それは明らかに非論理的行為であるという。なぜならコストを削減して価格を下げても、すぐに競合する企業が価格を下げ、値下げの実質的な効果が失われてしまうからだ[46]。

3.3 パレートの行為理論の問題点

ここでウェーバーの行為概念を念頭に置いて、パレートの非論理的行為の

分類に関する妥当性を検討してみよう。というのも現代社会学において共有されている行為概念と照らし合わせた場合、パレートの定義にはいくつかの疑念が生じるからである。第1に、第1種と第3種の非論理的行為のような主観的目的を欠いた行為、すなわち行為者の主観的意味を欠いた行為が、社会学の分析対象となりうるかという問題が生じる。第1種の「儀礼と慣習によって遂行される」行為は、ウェーバー自身が主観的意味の理解という方法が適用しえないことも多いと言明する「伝統的行為」のように、極限的なケースとして範疇化することも可能であろう。しかし反射的行動や本能的行動を含む第3種の行為については、文字どおり「行動」と呼ばれるべきであって行為の範疇に入れるべきではない。

　ところで第1種と第3種の非論理的行為の定義から「合理的であること」とパレートが言う意味での「論理的であること」に関する差異が明らかになる。注目すべきことは、これらの非論理的行為は必ずしも非合理的行為であるとは限らないという点である。

　パーソンズが指摘するように、われわれは日常生活においてそこに込められた意味や効率性を自覚することなく、常識的な意味で「合理的」な、多くの行為を自動的に遂行している。彼によれば、自動的とは「行為の一つ一つの段階で、次の段階が目的に対する手段として適当かどうかをその都度考えず」に行為することを意味するのであるが、このことは、特に目的と手段が合理的に結びつけられている制度的行為を習慣的に遂行している場合にあてはまる。パレートの定義に従えば、このような目的−手段間の適合性が自覚されない行為は非論理的と判断されるが、それらは決して「非合理的」ではない。すなわち合理的であるか否かは、行為者がそれを自覚しているか否かとは関係がない。

　第4種の非論理的行為の定義も重大な問題を抱えている。第2種と第4種の非論理的行為は一見異なったもののように見えるが、双方とも行為者が選択した手段によっては、彼がそれによって成就されると考えている状態を実現できないという点では同じである。それではなぜ実現が不可能であるのかと言えば、まず第2種の行為は目的に対する手段の選択が不適切であるがゆえに目的を達成することができない。例えば「ポセイドンの神に人身御供を

献げる」という行為は、航海の安全という目的を確実に達成する手段とはなりえない。これに対し第4種の非論理的行為は、松嶋敦茂の言葉で言えば「自らが採用した手段の総波及効果を行為者が正確に把握しえない」がゆえに目的を成就できない行為である。例えば自由競争下にある資本家が採用する、「商品の価格を下げるための賃金カットといったコスト削減案」が結局商品の販売促進にはつながらず、目的を達することができない非論理的行為となってしまうのは、資本家が「賃金カットによるコスト削減」という手段が生じさせる総波及効果の「マクロ的分析」を行いえなかったためである。[48]すなわち、双方とも行為者に目的を達成するのに必要な科学的知識と洞察が欠けているということが、非論理的行為が生じる原因となる。

だが今述べたような意味で、システムのある要因が生じさせる総波及効果を認識しうる行為者がどれだけいるだろうか。行為が論理的であるためには、第2種の非論理的行為のように単位行為の目的－手段関係の適合性といったミクロなレベルでの論理－実験的認識のみならず、ある手段がシステム全体に及ぼす総波及効果の把握というマクロなレベルで認識が必要であるとすると、卓越した知識と洞察力を持つ経済学者でさえ、しばしば経済政策の総波及効果に関するマクロな分析を誤ることを考えた場合、パレートのいう論理的行為という概念はきわめて限定された状況においてのみ成立可能という印象を受ける。

3.4 行為の準拠枠組

パレートは第2章で論理的行為と非論理的行為を定義した後、非論理的行為を分析するための準拠枠組を呈示する。この枠組は有名な三角形で示されるのであるが、それは何よりも具体的行為の分析において注目すべき要素をえり分ける規準として機能する。次にこの図式の基本構造を示そう。[49]

例えばここで行為者の心的状態Aを「殺人行為に対する恐怖心」、感情の表現Cを「神が殺人行為を罰するという理論」、行動Bを「殺人の抑止」としよう。その場合「人を殺すことに対する恐怖心が殺人を思い止まらせる」というのが「A→B」である。それに対し「人を殺すことに対する恐怖心A」が「神は殺人行為を罰するという理論C」を生じさせ、ゆえに「殺人を思い止ま

```
    C
    |\
    | \
    |  \
    |   \            A：表象と行為から推論される心的状態
    |    \           B：外側から観察可能な行為
    |     \          C：行為者のさまざまな言語的表象
    |      \
    |       \
    |_____\
    A         B
```

図2 行為の準拠枠組（ABC図式）

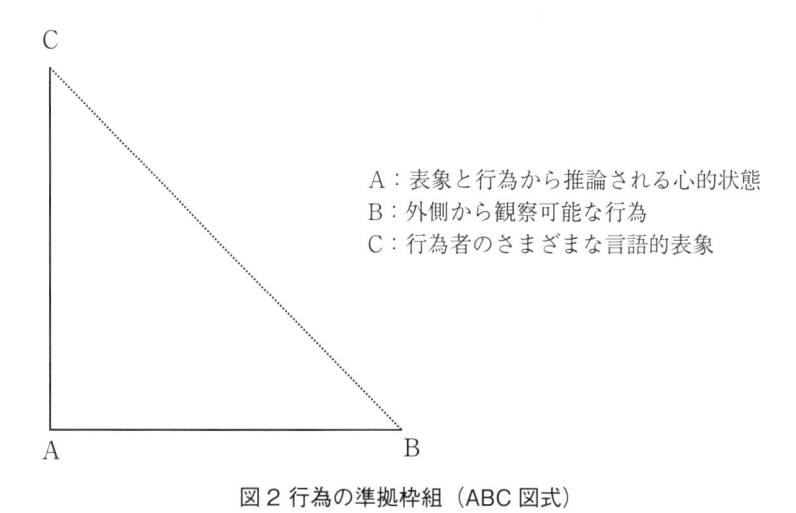

るB」という場合は「A→C→B」となる。

　パレートが批判するのはここである。多くの場合「殺人に対する恐怖心」という心的状態が行動の真の原因であるのに、人々が「神が殺人を罰する」といった事後的な論理を捏造し、それを行動の真の原因だと信じてしまうことである[50]。

　レイモン・アロン（Raymond Aron: 1905-1983）によれば、『一般社会学大綱』の前半は「AとB・Cとの関係、またはA・CとBとの関係、さらにはこれらの関係についての循環論的分析」がかなりの部分を占めている[51]。もちろん基本となるのはAによるCとBの決定である。だがパレートによれば、人間は行動Bの遂行に対してまことしやかな説明を加えようとする一般的な傾向を持ち、しばしばこの理論に欺かれ、AではなくCを行動の真の原因であると見誤ってしまう。

　しかし理論Cが行動Bに一定の影響を与えることも看過することのできない事実である。すなわち、まことしやかに捏造されたイデオロギー的言説がひとたび外在化され共有されると、それは創り手のもとを離れ、今度は逆に動かしがたい自明の前提として我々を拘束し始める。さらにBがA・Cに影響を与えることも考えられる。例えば「地位が人をつくる」という諺に象徴

されるように、ある役割行動の反復は、やがてその役割行動を正当化する言説や態度を生み出す[52]。

次にこの図式を用いて非論理的行為の類型を検討してみることにしよう。今、仮にAを「心の状態」、Bを「行為」、Cを「行為を動機づける理論」としよう。そうすれば、①「A→C→B」はCが科学的な知識に裏づけられる規範であれば「論理的行為」であり、そうでなければ第4種の非論理的行為となる。②「A→B」は目的と手段との関係についての認識および自覚が存在しない場合、第1種と第3種の非論理的行為となる。そして目的と手段との関係についての認識は存在するが、その論理が誤ったものである場合は第2種の非論理的行為となる。

3.5 「心的状態・心的状態の言語的表象」と「残基・派生」

パレートは第2章で上記の図式を提示した後、続く第3章から5章にかけてさまざまなタイプの科学外的理論の分析を行う。そして疑似科学的理論と題された第5章で「非実験的要素の導入が不明瞭で、論理的な内実を持たないにもかかわらず、論理的粉飾を加えることによってあたかも論理的であるかのようにみせかける命題」を取りあげ、そこから行為の準拠枠組としての「ABC図式」と類似した科学外的理論の内部構造を示す「abc図式」を提示し、それに基づいて「残基」と「派生」を定義する[53]。

ここで非論理的行為の準拠枠組たる「ABC図式」と科学外的理論の内部構

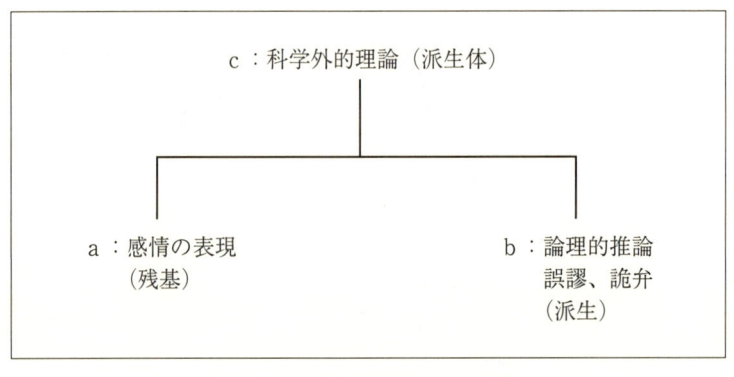

```
           c：科学外的理論（派生体）
          ┌──────────────┴──────────────┐
  a：感情の表現                    b：論理的推論
    （残基）                         誤謬、詭弁
                                     （派生）
```

図3　科学外的理論の内部構造

造を示す「abc図式」を混同しないように注意せねばならない。パーソンズが指摘するように初期のパレート研究者のほとんどが、前者の「A：心的状態」と後者の「a：残基」とを、さらに前者の「C：心的状態の言語的表象」と後者の「b：派生」とを混同する過ちを犯した。(54)もちろんその責任はパレート自身の概念提示の仕方、誤解を招く用語法にあるのだが、これに関しては後で言及する。

「abc図式」は科学的理論の内部構造の区分「A：実験的原理・記述・断言、B：論理的推論・事実的要素、C：科学的理論」を非科学的または科学外的理論に応用したもので、上述の非論理的行為の準拠枠組とはまったく別のものである。

恐らく上述の混同は非論理的行為の準拠枠組の「C：心的状態の言語的表象」と科学外的理論の内部構造を示す「c：科学外的理論(＝派生体)」が実質的に同じものを指しており、(55)しかも科学外的理論の構成要素(a)と(b)を区別するに際し「恒常的要素」と「可変的要素」という、すでに「ABC図式」で使用した規準が用いられていることから生じたものと思われる。

3.6 パレートの行為理論の戦略

ここまでパレートの行為理論の中心概念である「論理的行為」、「非論理的行為」、「ABC図式」、「残基と派生」についての要約と筆者の解釈を示した。最後にパレートの行為理論の戦略を総括しておくことにしよう。

> 1. 人間は論理ではなく感情によって駆動される。(§13,§442,§§514 − 6.)
> 2. 人間は感情という非論理的な力によって駆り立てられるのであるから、その行動は本質的に非論理的である。(§161,§797.)
> 3. 人間はそのような論理的内実を持たない行動に論理的外観を与えようとする。(§180,§447.)
> 4. ゆえに人間行為を真に理解するためには、これらの非論理的行為を覆っている(イデオロギッシュな)ベールを剥ぎ取り、その背後に潜む動因を把握せねばならない。(§249,§251.)
> 5. 非論理的行為は「A：心的状態」「B：行動」「C：心的状態の言語的表象」から成る。(§162.)
> 6. 人間行為を理解するためには、われわれを行動に駆り立てる真の要因であ

ると考えられる「A：心的状態」を把握せねばならない。だが他者の「心的状態」を直接に知ることは不可能なので、その「言語的表象」を分析してこれを間接的に推定する。(§169.)
7. この「C：心的状態の言語的表象」は「派生体」と呼ばれる。派生体は相対的に恒常的な要素である「残基」と可変的な要素である「派生」から成る。前者は人間行動や感情の一般的傾向性とも言うべきもので、後者はそれを正当化し合理化する論理的推論や詭弁的推論、誘導論理を意味する。(§§798-803,§868,§960f.)
8. 残基と派生を抽出する手順は次の通りである。まず非論理的行為から「行動」を取り除き、非論理的行為に含まれる言語的表象のみを分離する。次にこの言語的表象から論理 – 実験的規準と一致するものを取り除く。そして最後に残った要素を不変的な要素（残基）と可変的な要素（派生）に分離する。(§798.)
9. こうして獲得された残基を、今度は逆に実際の行為に適用することで、それらの行為がどのような種類の行為であるかが理解される。(§1690.)

図4　パレートの行為理論の戦略

4　パレートの行為理論の理論的射程

4.1　知識社会学的分析

　繰り返し述べてきたように、パレートが非論理的行為に焦点を定め、その分析と取り組んだのは、行為からイデオロギッシュな論理的粉飾を剥ぎ取り、その真の動因を把握するためであった。松嶋が指摘するように「経済学においては、彼は人々の現実の〈意識〉を所与の出発点として研究を始めることができたが、社会学においてはこの現実の『意識』から出発するわけにはゆかなかった」[56]。

　しかしながらパレートの非論理的行為の分析に、人間行為の非論理性を告発する意図は含まれていない。彼は、人間行動は徹底して非合理的であり、ゆえにわれわれの脆弱な努力によってはいかんともしがたいことを嘆いてみせるのではなく[57]、むしろ人間行為の非論理性の効用を認め[58]、非論理的行為の分析に取り組んだ。

その戦略は知識社会学的分析と呼ばれるべきものであり、論理的行為としての内実をもたないにもかかわらず、あたかも論理的行為であるかのように見せかける疑似論理的行為からその論理的粉飾(派生)を剥ぎ取り、その後に残された恒常的要素(残基)によって社会の形態と変動を説明するという手法であった。

多くの人々によって指摘されているように、それは思想史的な観点からすれば、「人間行動の合理化によって社会がより良い方向へ変革されるという『愚かな十九世紀』の啓蒙主義を反証しようとする試み」であるのかもしれない[59]。さらにまた別の視点からすれば、それは人間の行動や言説に関する表面的な動機や意味づけの背後に潜む「真のまたは深層の動機や意味」を暴露しようとするカール・ハインリッヒ・マルクス(Karl Heinrich Marx, : 1818－1883)、フリードリッヒ・ヴィルヘルム・ニーチェ(Friedrich Wilhelm Nietzsche : 1844－1900)、フロイトに遡るところの知的運動のひとつとして位置づけられるかもしれない[60]。

パレートの方法が知識社会学的志向を有していることは、残基と派生の理論が当時の読者の憤激を買ったことからも間接的に証明されよう。フロイント(Julian Freund:1921－)が言うように、「自己の信念や論理をエセ論理と決めつけられ、本心はこうだとイデオロギー性を暴露されたのでは誰しも内心おだやかでない」[61]。だが彼の著作を知識社会学の書として読む時、われわれは次の点に注意せねばならない。それは彼の直接的な関心が、人々の言説をその深層の意識と関係づけることによって相対化し、それによって自明化した意味世界を活性化するということにあるのではなく、それらの深層意識の構造と、それらを正当化し受容させるテクニックそのものを明らかにすることにあったということである。その結果、彼の分析は残基の不変性に基づく人間の不変性を、さらには歴史的事象の不変的循環を示すだけに終わってしまい、それ以上の効能を持たなかった。

4.2 機能主義的分析

パレートを一読した者は、彼は知識社会学者であるとの印象をもつだろう。しかし彼の分析方法からは、もうひとつの別の顔、すなわち機能主義者

としてのパースペクティブを見出すことができる。

　定義によれば、第3種の非論理的行為は、それらが客観的目的、すなわち第3者の観点からその適合性を科学的に検証できる目的−手段関係を含んでいる。それゆえ行為者本人が気づいていない行為の目的、すなわち「潜在的機能」を指摘することによってR.K.マートン流の「機能分析」が可能となる。

　例えばパレート自身が挙げているヘシオドスの教訓の事例は潜在的機能の分析そのものと言って良い。パレートによればヘシオドスの「海や泉に注ぐ川の河口で小便をするな。……そこで便器を空にするな」という教訓は、単にそのような行為が望ましくないと感じるがゆえに禁止するのであり、それによって何か不都合な結果が生じるといった因果連関は主観的にも客観的にも想定されていないという点で第1種の非論理的行為に分類される。ところがヘシオドスは知らなかったが、この教訓は飲料水を取る河川を清浄に保つことで、病気の感染を防ぐという客観的目的をもっていたとみなすことができる。パレートは、このように解釈するなら、この教訓は本人は意識していないが、第三者から見れば明らかに検証可能な目的−手段の因果連関が存在する第3種の非論理的行為とみなすことができると主張する[62]。

　最後に第4種の非論理的行為であるが、この行為が非論理的であると判断されるのは、行為者がある手段を遂行することによって成就されると予想した事態と、実際に生じた結果とが一致しないためであり、この不一致は行為者が、彼の遂行した手段が生じさせる総波及効果を正確に把握しえないことに起因すると考えられたのであった。この分析は行為が生じさせる「意図せざる結果」の分析となる。もちろんパレートはこの種の分析に際し、ある手段の遂行が皮肉にも当初意図していた事態とはまったく逆の結果を生み出してしまうという、いわゆる「行為のパラドックス」を念頭に置いていたわけではない。しかし彼が挙げる事例の分析から、少なくともシステムの構成要素が生じさせる総波及効果を把握しえない人間が犯す、「必然的な愚行」についての明敏な洞察を看取することができる。

5　残基と派生

　おおよそ社会学者であるならば、ヴィルフレード・パレートという名前を聞いて、まず「残基と派生」を、次に「エリートの周流」を連想するのが常であろう。しかしながら残基と派生はパレートの代名詞ともいうべき概念でありながら、単なる学説史上の概念としてでさえ正しく理解されているとは言いがたい。恐らく知名度に比して、その内包がかくも理解されていない概念も珍しかろう。

　社会秩序の成立（＝社会システムの均衡）の究極的原因を人間行為の非論理性に求めるパレートにあって、その駆動力というべき残基は決定的に重要な概念である。ここでその内包を明らかにし、同時に問題点を指摘しておこう。[63]

5.1　残基

　「第一綱：結合の本能」。これはすべて残基のうち最も重要な残基であり、何かと何かを組み合わせようとする一般的傾向、やや抽象的な表現をすれば、事物ないし観念の間に、あるときは論理的に、またあるときはでたらめに何らかの種類の関係を想定し、そこから一定の帰結を引き出そうとする人間の傾向性を指している。

　「第二綱：集合体の維持」。この綱目は大きく二つに分けることができる。一つは人や集団、場所、所属階級、故人などに対する愛着、およびそれらとの関係を維持したいという欲求である。そしてもう一つはこのような具体的事象ではなく、神話や物語、伝統、斉一性といった観念的事象を維持したいという願望である。この残基はパレートが力学的慣性を比喩として用いていることから判断して、ひとたび形成された「構造」の自己保存に関する慣性的力に言及したものであると思われる。

　「第三綱：外部的行為により感情を表現せんとする欲求」。これは行為の二つの局面、例えばパーソンズによる道具的（Instrumental）——表出的（Expressive）局面のうち後者に相当するものである。ある意味でわれわれのすべての行為は何らかの感情や態度を表出していると考えられるが、その

場合、もっぱら感情の表出のみが主目的になっている場合と、行為の遂行に伴い付加的に感情が表出される場合とがある。第三綱の残基は前者、すなわち行為によって意図的に感情を表出しようとする欲求を指している。

「第四綱：社会性に関する残基」。この残基は集団を形成し、仲間とともに生活したい、他人と同じでありたい、同じことをしたいといった親和的、共同体的感情、他者に対する憐憫と残忍の感情、他人のために自己を犠牲にする利他的感情、保護と依存の欲求、社会的認知の欲求などである。

「第五綱：個人とその所属物の保全」。現実のものであれ架空のものであれ、人々の身体的、精神的均衡および社会的均衡が攪乱されたと感じたとき、これを何らかの操作で元の状態に戻したいという感情である。パレートが「この残基が第二綱の残基と結合することによって、社会的にはなはだ重要な複合感情が得られる」と述べている通り[64]、社会システムの均衡を維持しようとする保守的な感情の実質的源泉と言えるだろう。

最後に「第六綱：性的残基」であるが、これはいうまでもなく性的欲動をさしている。おそらく以上6つの残基のうち「本能に対応している」という表現がもっともふさわしい残基である。

5.2　派生

次に派生の内包を検討してみよう。すでに述べたように「派生」とは、行為の真の動機である感情を隠蔽するための論理的粉飾やそれを受容させるための誘導論理を指す。ここで多くの読者はイデオロギー論を予期するのであるが、予想ははずれ、ただ言明の説得力や信憑性に関する粗雑な議論や形而上学的概念・思想の批判が展開される。パレートはここでもまた分類基準を示さないまま派生を、「断言」、「権威」、「感情もしくは原理との合致」、「言葉の上の証明」という四つの綱に分類し、事例を挙げながら説明を加えるという作業を繰返す。

第一綱と第二綱の派生：すなわち発話者の断言的なコミュニケーションスタイルや、権威。これらが言説の信憑性を高めることは間違いない。たとえばアドルフ・ヒットラーのような断言的発話スタイルや、ある問題に関する著名な研究者の発言を想像すればよい。だがその分析は社会心理学やコミュ

ニケーション論における分析と比べ、あまりに貧弱であるといわざるをえない。

　第三綱の派生：「感情もしくは原理との合致」は、感情や個人的、集団的利益に訴えることで聴衆を誘導する詭弁、社会契約とか社会的責任、正しい理性、善、正義、真理など経験的で一義的な指示物を持たないにもかかわらず、なにやら侵すべからざる神聖さの雰囲気を漂わせ、言説に論理的粉飾を加える形而上学的概念や思想を指す。[65]

　第四綱の派生：「言葉の上の証明」は、「意味が漠然とし、曖昧で疑わしく、そして実在に対応していない名辞を用いて得られた言葉の上の派生からなる」。だがこの定義では第三綱の派生もこの中に含まれてしまうので、とりわけ「言語操作としての性質が際立ち、この性質が他の性質にまさっている派生だけに制限する」[66]。言語操作が際立っているとは、第四綱の派生の下位綱目を読めば、それがレトリック（修辞）を意味していることがわかる。たしかにレトリックは言明を飾り立て、信憑性、説得性を高める重要な手段である。しかしながら記号論におけるレトリック分析の成果と比肩するとき、その分析の貧弱さは隠しようもない。

5.3　残基と派生概念の欠陥

　残基と派生の理論が直接関連する社会学の方法は、言うまでもなく知識社会学的方法である。人間は価値や感情に駆動され行為するにもかかわらず、しばしばそれらに論理的粉飾を加え、自らの利害関心を隠蔽する。その論理的ベールを剥ぎ取り、真の動機を白日の下にさらしてこそ、行為を正しく理解できるとする発想は、フロイトやカール・マンハイム（Karl Mannheim：1893-1947）のそれと軌を一にする。しかしながら言語化される偽りの動機の背後に潜む無意識的動機を暴く精神分析や、まことしやかな言明の背後に潜む利害関心を暴き、言説そのもののイデオロギー性を暴き出すマンハイムの知識社会学がその後も長らく命脈を保ちえたのに対し、パレートのそれは短期の熱狂が醒めるやいなや学説史の博物館に放り込まれてしまった。社会科学において「理論」と呼ばれているものの多くが、単なる価値や感情の表明であり、観察から帰納された経験的命題ではないことを暴露し、ひるが

えって真の社会科学理論の構築を標榜する努力はきわめて妥当な企てである。ではなぜ残基と派生の理論は評価されることなく打ち捨てられてしまったのか。以下、その原因について検討してみよう。

5.3.1 用語上の問題

奇妙なことにパレート社会学に関する文献で残基と派生を正面から取り上げ、これを内在的に批判したものは皆無に近い。察するところ、残基と派生の外延があまりに雑多であり、研究者がその内包を定義、分類する意欲を失ったのではないだろうか。社会科学における概念の曖昧さ、とりわけ記号の指示物が実在しない形而上学的概念を徹底的に批判、排除しようとしたパレートが、自らその罠に陥ったのは皮肉以外の何物でもない。これに関する詳細な検討は無益であるかもしれないが、少なくともどこで彼の議論が矛盾、錯綜し、読者を混乱させるのかについてだけは触れておこう。

最初の混乱は『一般社会学大綱』第6章の冒頭で、パレートが「残基は人々の本能に照応している。そしてそれが恒常的であるのは本能に照応しているからである」と述べるところから始まる[67]。ここで読者はパレートが人間における本能の存在を公言していることに違和感を抱く。そして次のような言明が続く。「残基と残基が対応するところの感情または本能とを混同しないよう、よく注意せねばならぬ。残基は本能や感情の表現である」[68]。

注意深い読者は、残基は感情・本能を反映する「行為者の言語的表象C」に含まれる恒常的要素であり、感情または本能そのものではないこと、ゆえにそれは感情・本能のインデックス（指標）にすぎないことを再度確認し、慎重に読み進める。ところがその先に展開される残基の分類においては、残基の諸綱目がきわめて直截に「○○の本能」、「○○の感情」と表現されている。これはどうしたことかと当惑しつつ読み進めるうち、読者は残基が「本能」、「感情」のみならず、「○○の欲求」、「○○の行為」と表現されているのを目にしてさらに困惑する。本能・感情・欲求・行為といった次元を異にする概念がすべて含まれる残基という概念をどう理解すればよいのか。

パレートの批判者たちは、例えば本能論を主張したウィリアム・マクドゥーガル（William McDougall : 1871-1938）が「本能」であるとし、ジェー[69]

ムス・ハーヴェイ・ロビンソンズ (James Harvey Robinsons：1863-1936)
が「建前 (good reason)」に対する「本音 (real reason)」であるとしたように[70]、
それぞれ専門の立場から外在的かつ一面的に残基を規定している。そこで残
基を規定するに際し、最も重要であろうと思われる「感情」に限定して考え
てみるが、なお混乱は続く。多くの読者は「感情」という言葉によって心理
的な喜怒哀楽や快-不快を想起し、これに幻惑されてテキストの意味をうま
く理解できない。だが読み進むうち「〇〇の感情」という場合、それを欲求、
考え、意識といった言葉で置き換えてみるとそれなりに理解できることに気
づく。要するにパレートの「感情」とは論理的行為を導く科学的知識と対比
される形で提示された、非論理的行為を駆動する主観的要素(価値、情緒、
気分、欲求、願望など)を意味しているのだ。

5.3.2 説明力の問題

　残基と派生の理論に関する二つ目の問題は、その説明力の貧弱さである。
パレートによれば残基と派生は、経験的事実の観察から帰納的に導き出され
た行為の一般的原理である。パレートは経験を重視するがゆえに、残基と派
生の析出に際し、前もっていかなる分類基準も提示しない。だがこれらの諸
概念における体系性の欠如は、その説明力を著しく損なっている。
　パレートは基本的に理論を事象の説明と予測に有効であるという条件以
外、どのような制約も受けることなく立てられる仮説命題ととらえており、
検証を、これらの仮説命題の中から真に有効な理論をえり分ける決定的に重
要な手続きと考えていた。パレート理論における残基と派生の検証は、現象
を有効に説明、予測することで果たされるのだが、残基と派生の理論はこの
点において決定的に劣る。例えばフロイトのエディプス・コンプレックスや
人格構造論(イド・自我・超自我)を考えてみよう。これらの概念は、パレー
トの基準からすればその成り立ちからしても、概念の意味の点からしても明
らかに形而上学的である。しかしながら、それらはいずれも優れた説明力を
有しており、今日に至るまで精神分析の基本理論として言及されている。
　なぜ説明力が弱いのか。これに関しては概念の体系性の欠如や定義の曖昧
さとは別の理由がある。それはこの概念による説明がある種の決定論となっ

ており、事象の社会-文化的個性に関する社会学的説明が展開されないことにある。「××の現象は○○の残基の結果である、△△は○○の残基が優勢であるから××になるであろう」。例えば「アテネでは結合の本能が優位しており、スパルタでは集合体維持の残基が優越していた。結果としてアテネでは民主主義が花開き、学問、芸術が栄え、商工業も発展した」といった分析がなされたとしよう。実は、これは単にスパルタとの比較でアテネの価値観・制度が革新的であったことを示唆するだけで、具体的説明になっていない。問題はなぜアテネが革新的であったかである。そしてその答えは、富永健一が指摘しているように、スパルタ市民が土地所有貴族だけで構成されていたのに対し、アテネのそれが農業に従事した土地所有農民や商工業に従事した自営業者を多く含んでいたことに求められるべきであろう。[71]

すなわち多様な行為の背後に、ある普遍的な動機や行動形式が看取されるとしても、それが文化や社会状況との関連でどのように顕現するかが分析されなければならない。パレートが残基を本能または感情との対応物であるとし、本能または感情そのものと区別したのは、それらが言語的表象(派生体)から抽出された二次的構成物であるというだけでなく、文化・社会および歴史による被構成性(または被拘束性)の含意を残したかったからに違いない。だとすれば残基自体の存在被拘束性が詳細に分析されてしかるべきではないか。

このことはまた派生についても当てはまる。派生は心理的な側面に注目すると「合理化」、観念形態の点からは「イデオロギー」、記号論の観点からは「レトリック」と言い換えることができるかもしれない。派生は行動が本能的なものでないかぎり常に存在する。パレートは派生を、時代や文化、社会状況によって多様に変異するとの理由で残基ほど重視しない。だが逆にいえば、彼は人間が積極的に「派生」を求めようとする事実を過小評価したのではないか。「考える葦」としての人間は、たとえ誤謬であっても一貫した認識を求め、自我を護るために心理的合理化を必要とし、他者を説得するためのイデオロギーやレトリックを必要とするからだ。派生の分析にあって真に必要とされるのは、派生に使用されるレトリックの分析ではなく、個々の派生がいかなる歴史的、社会-文化的状況で形成されたかを解明することであ

り、その妥当性を知識社会学的な観点から吟味・相対化することであろう。

　中国で1987年に発表された「社会主義初級段階論」や1993年に党規約に明記された「社会主義市場経済」を例に考えてみよう。これらはいずれも共産主義体制下における資本主義市場経済の導入という矛盾した政策を合理化し、隠蔽するための典型的なイデオロギー的言説である。パレートの分析に従えば、この種の政策は共産主義体制の攪乱を収束させ、その維持存続をはかる第五綱および第二綱の残基によって生じた派生であり、絶対的権威（第二綱の派生）を持つ共産党が「社会主義と市場経済」という矛盾する言葉をつなぎ合わせて捏造した、きわめて意味の曖昧な言葉（第四綱の派生）によって、自らの矛盾と利害関心を隠蔽するものと言えよう。しかしながらここで必要なのは中国共産党政府のイデオロギーの虚を暴き、これを嘲弄することではない。明らかにされるべきことは、なぜ中国は国是を棚上げしてまで市場経済を導入せざるをえないところまで追い込まれたのか、いかなる過程を経てこのイデオロギーが準備されたのか、この奇妙な合理化に対し国民はどう反応したかといった点であろう。

　残念なことに、パレートにあっては残基の普遍性に対する関心が派生という形で顕現する事象の社会－文化的個性を軽視させ、歴史の循環性を説くことによって既存の世界を改革しようとする一切の企てが嘲弄、唾棄されてしまった。結果的に、このことが意味世界の活性化を志向する知識社会学の開祖として、パレートをその壇上に起立させ得ない重要な原因となったように思われる。

6　パレートの社会システム理論

6.1 人間行為の非論理性と社会秩序の成立

　啓蒙思想による社会秩序の説明はジョン・ロック（John Locke : 1632-1704）に代表される「自然法」と「自然権」に依拠している。それは自己および他者の生命を保存すべきこと、他者の生命、健康、自由、財産を侵害してはならないことを骨子とする自然法を前提とし、所有権をはじめとする自然

権を擁護する限りにおいて社会契約による各人の権力の譲渡が行われ、国家の成立と権力の発動が是認されるというものである。

だが人間行為は本質的に理性ではなく非論理的な感情によって駆動されると考えたパレートは、これらの命題、とりわけ自然法を疑似科学的論理（派生）として徹底的に批判し[72]、逆に、「人間社会に秩序が成立するのは人間行為のほとんどが感情に駆動された非論理的行為であるからである」という社会契約説と真っ向から対立する命題を提示する。

なぜ人間行為の非論理性が社会秩序の形成を可能にするのか。パレートの言う「効用（またはオフェリミテ）」概念に依拠して述べれば、社会秩序が成立するのは、個人的効用の極大化と集団の効用極大化の選択に際し、個々人が後者を優先させるからであり、なぜそのような事態が可能になるのかと言えば、人々が感情に駆動され、非論理的行為を遂行するからである。もちろん社会システムの均衡にとっての理想は個人の効用の極大値と集団のそれとが一致することであるが、両者は多くの場合対立することが多い[73]。たとえば、もし人々が論理的に行為するなら、すなわち集団よりも個人の効用を優先するなら、戦争が勃発した場合、命を失う可能性の高い戦場に赴くはずがない。にもかかわらず彼らが国家の命令とはいえ、場合によっては嬉々として戦場に赴くのは「祖国の防衛」とか「国家の栄誉」、はてまた「聖なる神のための戦い」といった非論理的な感情や価値観にコミットするが故である。

パレートは「人道主義者や実証主義者の意見にもかかわらず、もっぱら理性によって決定されている社会なるものは存在しないし、存在することもできない」と断言し[74]、非論理的行為そのものの中に社会秩序を成立させる要因を求めた。それが「残基」であり、残基によって駆動された非論理的行為を正当化する論理的推論や詭弁的推論としての「派生」であった。

6.2　社会システムの均衡分析

パレートの社会システム理論をひとことで述べるとすれば、「社会システムの動態的均衡分析」という表現がふさわしい。友枝敏雄によれば現代の社会システム理論は次のような課題を有する。①社会システムの構成要素の特定化。②構成要素間の関係の定式化。③社会システムの境界の確定[75]。以下、

この課題を導きの糸としてパレートの社会システム論で使用される理論的ツールを明らかにしてみよう。

6.2.1 社会システムの構成要素

パレートによれば、社会の形態に作用する要因は「(1) 土壌、気候、植物相、動物相、地質学的、鉱物学的等の条件。(2) 一定の時期における、所与の社会にたいするその他の外的諸要因。換言すれば、当該社会に対する他の社会からの作用、すなわち空間的な外部からの作用、および当該社会の以前の状態からの作用、すなわち時間的に外部からの作用。(3) 内的諸要因、その主要なものは人種、残基、あるいはそれが表す感情、性向、利害、思考および観察における素質、そして、知識状態等である。さらに派生体もこれらの要因に含まれる」。これらの諸要因は相互に依存的である[76]。

6.2.2 構成要素間の関係の定式化

社会の形態を完全に把握するためには、まずこれらすべての要因を認識し、次に、それらがいかに作用するかを理解すること、しかもそれを量的形式において理解することが必要である。パレートが経済システムの均衡分析で用いた方法を、そのまま社会学に適用するとすれば、上記の諸要素すべてを数量化し、あらゆる要素と要素との関係を連立微分方程式で記述することが望ましい。すなわちシステム内のある変数の変化が、他の変数の値をどれだけ変化させるかを記述するのである。ちなみに、この連立方程式の解が均衡点である。

しかしパレート自身が断言しているように、現段階でそのような方法を用いることは不可能である[77]。そこでパレートがとった代替策は、地理的、気候的、地質的等の、短期的な見地からすれば不変的と見なすことができる要素を除外し、社会システムを構成する要素を残基・利害・派生・社会的異質性とエリートの周流という4つに極限し、それらの相互的な影響・依存関係を詳細に検討するというものであった。

これら4つの変数は、いずれもパレートが「社会システムの内的要因」と規定したものであるが、そのうちもっとも重要な変数が残基と派生である。と

いうのも「利害（利益）」は論理的行為を導くという理由で残基とは別に扱われているが、本来、残基に含まれるべきものであるし、[78]「社会の異質性とエリートの周流」も各階級における第一綱と第二綱の残基の偏在によって決定されると考えられているからである。

6.2.3　社会システムの境界

　社会システムの境界は、社会システムを構成する要素を確定することで自動的に決定される。すなわち残基・利害・派生・社会的異質性とエリートの周流という四つの要素以外のあらゆる要素が社会システムの外部環境を構成する。確かに上述の地理的、気候的、地質的等の要因は自然環境として社会システムの外部環境とすることに何の問題もないだろう。しかしながらパレートが2番目にあげた、当該社会の以前の状態から受ける作用、すなわち社会が以前から保持してきた伝統や制度をも社会システムの外部環境とするのはいかがなものか。というのもパレートの社会システムモデルが物理学モデルに依拠しているため、基本的に社会システムを閉鎖システムとして概念化しているからだ。そうすると当然のことながら、連綿と受け継がれてきた社会システム内部の伝統的制度、慣習、および他の社会からの影響が分析から排除されてしまうことになる。

6.3　社会システムと「力」の行使

　パレートによる具体的な社会システムの均衡分析を検討する前に、社会システムと「力」の関係について言及しておかねばならない。というのも論点先取になってしまうが、パレートの社会理論においてその形態を決定する究極的原因は、社会システムの分子たる諸個人の「策略」と「力」の相克にあると考えられているからである。彼によれば社会システムを均衡および変動させる要因は効用・残基・派生の合成であるが、集団の効用を極大値（システムの均衡点）へ導く力は残基の諸力の合成であって派生ではない。[79]

　社会の維持、存続には社会統制が不可欠であるが、その究極的手段は暴力である。パレートもまた支配階級による「力の行使」について、かなりのページを割いて考察している。この点に関する彼の結論をひとことで述べれ

ば、「力を行使する能力を失った政府は、国内の反対勢力によって、また国外の敵対勢力によって簡単に転覆されてしまう」ということだ。この命題に関する彼の論証の特徴は、結合の本能の残基（第1種の残基）と集合体維持の残基（第2種の残基）の布置状況（すなわち社会的異質性）の変化に依拠する点にある。例えば少数の市民でも、もし彼らが暴力的であり、それに対して支配者が同様に暴力をもって市民の要求をはね返す意志をもたないなら、市民たちは容易にその要求を押し付けることができる。しかし支配階級が市民の暴力を防ぐために、策略、欺瞞、買収という手段に訴えた場合、被支配階級による権力の簒奪は難しくなる。パレートはこのような支配階級の変化を「政府がライオンから狐になる」と表現するが、彼によれば最良の支配者とは「その敵を買収によって弱体化させ、力にたいして譲歩したとみえたところのものを詐欺・瞞着によってとりかえす方法を最もよく知っているもの」である(81)。そして、もし支配階級が、被支配階級のうちで同じような才能をもち、同じような詭計を用いることができ、暴力を行使する傾向のある者たちの指導者となりうるような人材を支配階級側に取り込むことができれば、被支配階級による権力の簒奪はきわめて困難になる(82)。

　この過程で支配階級においては結合の本能の残基（第1種）が、被支配階級においては集合体維持の残基（第2種）が優位を占めることになるのだが、この差異があまりにも大きくなると革命が引き起こされ、支配階級の逆転が生じる(83)。いかなる詭計も圧倒的な暴力には屈せざるをえないからだ。外交的手腕や法律でもって武力の行使に代えることができると信じている政治家の幻想や、力の行使一般を非難する少数の夢想家は暴力の嵐によって瞬時に吹き飛ばされてしまう。ゆえに支配階級にとって過度に集合体維持の感情を失うことは非常に危険である。とりわけ支配階級が人道主義に傾斜しており、武力の行使をためらうのみならず、その能力さえ失っている場合、彼らは容易に被支配階級に暴力で制圧され、その地位を追われる。逆に言えば、支配階級が策略とともに、必要に応じて即座に行使できる暴力を保持するなら、その支配は永久的なものになる(84)。

6.4 システムを構成する要素の相互依存

　社会的均衡を生み出す諸要因の相互依存関係を考察するにあたり、パレートはすでに述べたように、社会システムの構成要素を(a)残基、(b)利害、(c)派生、(d)社会の異質性とエリートの周流という4つの要素に限定し、それらの相互依存・影響関係を分析するという方法を用いる。その際、考察される要素間の作用・反作用の組み合わせは次の4つである。

（Ⅰ）残基と「(b)利害・(c)派生・(d)社会の異質性とエリートの周流」との作用・反作用。
（Ⅱ）利害と「(a)残基・(c)派生・(d)社会の異質性とエリートの周流」との作用・反作用。
（Ⅲ）派生と「(a)残基・(b)利害・(d)社会の異質性とエリートの周流」との作用・反作用。
（Ⅳ）社会の異質性・エリートの周流と「(a)残基・(b)利害・(c)派生」との作用・反作用。

　以下、パレートの論述に従い、これらのシステムを構成する諸要素の相互依存関係を要約してみよう。ただし以下の要約は、本来の記述を大幅に簡略化したものであることを言明しておく。パレートによる社会システムの構成要素間における作用・反作用の分析は複雑かつ錯綜しており、しかも事例が次々に変化する。本書における要約は事例を絞り、ロジックを抽出したものに過ぎない。

組み合わせ（Ⅰ）
　今、(b)利害という変数に「輸入における保護関税」を入れてみると、次のような反作用が生じる。低価格な生産物の輸入を善とする自由貿易論者(第1種の残基：結合の本能を多分に持ち合わせている人々)は関税の撤廃を主張する。逆に国内産業の保護を願う人々（第2種の残基：集合体の維持の残基が強い人々）は保護関税の設定に賛成する。当然、双方から自らの利益を確保するためのさまざまな言説(派生)が飛び交う。数理経済学の観点から

見れば、この論争（派生の応酬）は無意味である。というのも、一般に保護は直接的結果として富の破壊をもたらすということが証明されているからだ。しかしながら、「保護関税は悪である」という命題を納得させるためには、関税を設定した場合の経済的効果のみならず、社会的効果についても考察しなければならない。

　一般に輸入品に対する高い関税の設定によって保護された工業家は、たとえ短期間であっても市場の独占によって一定の利益を獲得する。だが市場が開放されている場合、国内の工業家は国外の同業者との競合に晒されて利益を失うため、関税による保護を主張する。他方、消費者は関税の設定によって輸入品より若干廉価な国産品か、それより高価な輸入品を購入しなければならない。ゆえにより廉価な商品を求める消費者は高い関税の撤廃を要求する。[85]

組み合わせ（Ⅱ）

　(b)利害は、(d)社会の異質性とエリートの周流にもっとも大きな影響を及ぼす。社会の異質性とは「社会階級、階層、職種等による、残基の社会的布置の相違を意味する。たとえば、支配階級には結合の残基が発達した人が多く含まれ、被支配階級には集合体維持の残基を豊富に有する人々が多い」[86]。上記のような関税による工業の保護は、才能に恵まれた個人を富ませるばかりでなく、金融上のからくりについて、あるいは保護による利益を授ける政治家の好意を獲得する才能に恵まれた人々を富ませる。このような資質が傑出している人々は、やがて莫大な富を蓄え、富によって権力をも獲得し、支配階級にのし上がってゆく。すなわち「エリートの周流」が促進される。だが(b)利害が(a)残基に強い影響を及ぼすことはない。残基はゆっくりとしか変化しないからだ。しかし(c)派生に対してはかなりの影響を与え、上述のごとく保護関税をめぐるさまざまな言説が飛び交い、それに関する多様な理論や観念が生み出される。[87]

組み合わせ（Ⅲ）

　(c)派生は(a)残基・(b)利害にはほんのわずかしか作用しないが、(d)

社会の異質性に対してはいくぶんか作用する。なぜなら、いかなる社会においても有力者を賛美するのが巧みな人々は支配階級に参入できるからである。ゆえに組み合わせ(Ⅱ)における分析と考え合わせれば、(b)利害が(c)派生に影響を及ぼし(支配階級に加わりたい人々が彼らの富や権力を擁護し、賛美するさまざまな言説を考案し)、今度は(c)派生(それらの言説)が(d)社会の異質性とエリートの周流に作用する(支配階級の人々にとって都合のよい言説を唱える人々が支配階級に参入し、結果的に支配階級の中に結合の本能を多分に持つ人々が増加する)[88]。

組み合わせ(Ⅳ)

(d)社会の異質性は主に(b)利害に対して作用する。たとえば結合の残基(第1種)が強い人々が多い社会は、彼らの活発な利益追求活動によって産業が発達する。産業が発展すれば人々の所得格差が拡大し、エリートの周流が活発化する。だが(d)社会の異質性は(b)残基にはそれほど影響を及ぼさない。すでに述べたように残基はゆっくりと変化するからだ。しかし(b)利害が(a)残基に長年にわたり作用を及ぼすと、結果的に大きな社会変動を生じさせる。たとえば「もっぱら経済的利害に心を奪われている国民においては、結合の残基に対応する諸感情が高揚させられ、集合体維持に対応する諸感情は軽んぜられる」。結果として人々の間で結合の残基が強まり、このような経済体制を擁護する言説、すなわち(c)派生が変化する。上述の「関税による国内工業の保護」の例でいえば、この保護のおかげで結合の残基が強い支配階級の人々に利益がもたらされると、彼らはますますb)利害の追求に専心するようになり、国民経済を産業主義の方向へ推し進める。この現象は「資本主義」の成長と呼ばれる[89]。

以上、社会システムにおける諸要素のうち(b)利害に「関税による工業の保護」という政策を代入した場合、その他の要素がどのような反作用を生じ、社会システムにどのような変化が起こるかについて、パレートの論述を要約した。

しかしながら、このような作用と反作用の循環がいつまでも続くわけではない。「歴史の示すところによれば、第一種〔結合〕および第二種〔集合体維

持〕の残基の割合がエリートの内部において変動するときには、運動は同一方向に無限に続くのではなく、遅かれ早かれ逆方向の運動によってとって代わられている」[90]。そしてこの逆方向の運動はしばしば戦争、革命といった形で生じる。この歴史的波動を引き起こすのは、すでに何度も言及した残基の布置状況の変動である。例えばさきほどの「産業の保護」の代わりに「軍人階級の保護」を代入すると、状況は一変し、支配階級のなかに第2種の残基(集合体の維持)を豊富に持つ人々が増大する。とりわけ戦争はこの残基を増大させ、好戦的本能をもっている者に対し、社会の低い階層から支配階級へ上昇する可能性をひらく[91]。

6.5 社会システムにおける政治体制

ある社会のなかで観察される錯綜した諸現象のなかでも「政治体制」という現象は非常に重要である。なぜならそれは支配階級の性質と緊密に結びついているからだ[92]。

今日では「民主政」があらゆる文明国家の政治体制になる傾向がある。しかし「民主政」という言葉の厳密な意味はきわめて不明確であるが、少なくともその政治体制が機能するためには「議会の立法権」が護られなければならない。議会の議員は国民の権力を委任された代表であり、統治階級に属する少数の政治的エリートである。民主政における議員が権力を維持する方法は、ひとつは「力」であり、もうひとつは国民の「同意」である。パレートによれば、力の行使を伴わず国民の完全な同意によって運営された政府は歴史上例を見ない。これに対し専制君主制は、主に支配階級の有する力(警察や軍隊)によって権力を維持する政治体制であり、現代においても多数存在する[93]。

支配階級内部において政治的・経済的エリートの頂点にのぼりつめるためには、被支配階級の残基と利害を利用せねばならない。彼らは当然、支配階級たちの利害を保護するが、そのほかにも重要な手段がある。それは今日の民主政では有権者、官公吏、ジャーナリスト、その他の政治的買収であり、絶対主義君主政のもとでは宮廷人、寵臣、寵妾、官公吏、将軍などの買収である。パレートによれば「このような手段は古代ギリシャおよび共和制ロー

マの時代から今日にいたるまであらゆる時代に使われた」ものであり、「それゆえ、それらの使用を抑制するために行われた無数の試みは、これまでも無駄であったし、現在も無駄なままである」[94]。『一般社会学大綱』は、人々がどんなに立派な理想（派生）を語ろうとも、人間の本質（残基）は変わらないというペシミズムによって貫かれている。

　パレートによれば、政権政党の道を歩む政治家には「あらゆる種類の計略において、類稀な上質の明敏さと手腕とが必要とされる」のであり、そのような能力のない政治家はいずれ不正を暴かれ失脚する。しかし「国民の下層階級のなかには第二種の残基がまだ大量に存在している。したがって、現実には単純な物質的利害によって動かされている政府も、少なくとも理念的目的をめざしているかのごとき装いをしなければならない」[95]。パレートはこのような「不誠実な」候補者が選出されるのは、偶然ではなく「制度による選択であり、帰結である」と主張し[96]、理想と力と誠意を兼ね備えた人物が政治的エリートに選出されない「悪しき民主主義」の弱点を見抜いていた。

6.6　社会システムにおける経済変動

　パレートの『一般社会学大綱』では、数理的な経済学に関する踏み込んだ議論は全くなされず、ただ様々な時代のランダムに選ばれた経済現象に関して、利害（経済的繁栄）とエリートの周流の相互作用に関する論述が展開されるのみである。その要諦は経済的繁栄の時代には第1種の残基を多く保有する「投機家」が活躍し、支配階級への参入を果たす。そして今度はそれらの野心的な「投機家」がさらなる経済的繁栄をもたらすという相乗効果の強調である。

　ここでもまたパレートは「残基の布置状況」に基づいて、有名な「投機家と金利生活者」の議論を展開する。投機家は結合の残基が優越しており、金利生活者は集合体維持の残基が優越している。「投機家」とはその収入が本質的に不規則で、儲け口もそれを発見する自らの手腕に依存している人々で、投機から利益を引き出しているすべての人々、状況を巧妙に利用することによって、その収入を増大させるべく種々の手段を用いるすべての人々を指す。これに対し「金利生活者」とは、その収入が固定的あるいはほとんど固定的

で、したがって投機家が構想する巧妙な計画にはほとんど依存しない人々、直接的にも投機からは利益を引き出さないすべての人々、および固定した、あるいはほとんど固定的な、あるいはほとんど変化しない収入をもっているすべての人々を言う。

このような経済的繁栄は、歴史上、あらゆる地域で生じた。現代のアメリカや日本社会では、さまざまな策を弄して莫大な富を手中にするIT長者やヘッジファンドが人々の注目を集めている。パレートの時代には貨幣そのものを商品とする「マネー経済」は存在しなかった。しかしながら「実体経済」にせよ「マネー経済」にせよ、その成功者の正体は「投機家」である。

6.7 エリートの周流

パレートはフランス革命以前と以後の社会状況を比較して、その相違を「経済的利害」の優越と「エリートの周流」の激しさに求めている。彼はフランス革命以降、国際政治の課題は経済的利害をめぐる闘争であり、国内政治もまた経済的抗争の処理に還元されると主張する。「投機家」の活躍と「エリートの周流」という命題の繰り返しには辟易するが、パレートがこれら狭猾な「投機家」たちを好意的に見ていない点は記憶にとどめておく必要がある。彼によれば真に望ましい政治的指導者とは、権力と名誉で満足する者であり、その一部を自分の懐に入れるような輩ではない。(傍点、筆者)[97]

民主主義や人道主義を鼓舞する人々を嘲弄するパレートにはふさわしくない言明であるが、彼らのイデオロギー的言明を徹底して攻撃したのは、人間行為を規定する残基を直視し、そのうえでどうすれば上記の理想を実現できるかを真剣に模索したからだと解釈するのは深読みであろうか。彼は「投機家」に対する「金利生活者」の慎重さ、臆病さをこきおろし、「投機家」の餌食となる彼らの運命を淡々と記述する。

『一般社会学大綱』はリベラルな論陣をはって国会議員に立候補し、落選という辛酸をなめた後に執筆された書物である。晩年におけるパレートには「狐」と「投機家」による「利子生活者」からの政治的、経済的略奪を告発し、これと闘おうとする姿勢はみえない。しかしイタリア鉄鋼会社の支配人、すなわち「投機家」であった若き日のパレートの出自は「金利生活者」たる「貴

族」であり、晩年は「投機家」としての生活を捨て「金利生活者」として執筆に没頭した。もし彼が「金利生活者」を嘲弄するなら、それは自らを自嘲することになる。彼は言う。歴史時代以降「私有財産権が無制限に、そしてまったく厳密に維持されているような社会の例は存在しない」[98]。彼の透徹したリアリズムはさておき、パレートの「金利生活者」に対する嘲弄や苦言は何を意味するのだろう。それは単なる自らの政治活動の挫折に由来する、民主主義者・理想主義者たちに向けられた嘲弄か、それとも価値判断を排除し、自然科学的研究方法に従って分析を進めた結果、得られた事実の冷徹な記述であるのか。恐らくその答えは「両者の混合」であろう。

6.8 社会システムと派生（体）

パレートは派生がシステムの他の構成要素に及ぼす影響力を重視しない。繰り返し述べてきたように、派生とは個人の利害や価値観を正当化するイデオロギーにすぎない。パレートによれば現代社会を覆い尽くしているかに見える「合理主義と人道主義」という行動規範は、少なくとも古代ローマ皇帝、ププリウス・アエリウス・ハドリアヌス（Publius Aelius Hadrianus :76-138）およびマルクス・アウレリウス・アントニヌス（Marcus Aurelius Antoninus : 121-180）の時代以降、何度も登場した。しかし同時に一方でナショナリズム、そして帝国主義やサンディカリズムが、他方でオカルティズムや心霊学、形而上学的雰囲気が復活し、合理主義や人道主義の思想をかき消してしまった[99]。パレートはこのような循環もまた人間の残基に由来すると捉えている。派生はそれぞれの時代的制約のもとで姿形を変えて語られる言説に過ぎない。

とすればフランス革命の「人権宣言」やマルクスの「共産主義社会」も、パレートの目から見れば「知識人たちの夢想」にすぎないのだろうか。パレートによれば幾人かの知識人や善意の人道主義者は、これらの派生に共感し、それらの理念が支配する世界を夢見る[100]。だが投機家たちは、表面上はそれらに賛意を示しながら、その陰で自らの利益のために着々と作戦を実行する。19世紀初頭の支配者たちは、プロレタリアの思想を抑圧し迫害した。19世紀後半のエリートたちはプロレタリアを擁護したが[101]、パレートは支配階級に

よるプロレタリア擁護の言説を信用しなかった。それらの言説の陰に隠された「狐」の正体を見抜いていたからに違いない。

しかしながら、パレートは派生 (体) の効用まで否定しているわけではない。パレートは派生体に関する「真理性」と「社会的有効性」という二項対立を立て、それが科学的見地からすればいかにばかげたものであっても、社会的統合や目標の達成にきわめて有効な影響を及ぼすことを理解していた。ゆえにパレートは「われわれは、派生体を研究したときに、実験的観点からみれば明らかに無根拠で無意味な、そして馬鹿々々しい派生体が何世紀ものあいだ存続し、また再生産されるのは如何にして、またいかなる理由によってか、ということを検討しなければならなかった」のである。[102]

なぜ派生 (体) が何世紀も生き残り、あちこちで姿を変え復活するのかという問いはきわめて重要な問題である。われわれ人間はばかげた妄想に振り回され、数えきれないほどの悲喜劇を演じてきた。昨今の驚異的な科学の発展にもかかわらず、いっこうに派生 (体) が消滅しないのは、われわれがその存在を必要とするからであろう。

7 歴史における社会的均衡

7.1 社会システムの変動とエリートの周流との峻別

パレートは最終章においても、自らのテーゼを論証すべく、さまざまな歴史的事象に自らの命題を当てはめ、妥当性を吟味する。その命題とは「社会的均衡を決定する主要な要因の一つは、諸個人のもとに存在する第一種の残基と第二種の残基との比率である」という命題である。[103]ここでパレートは用心深く、①残基の比率を原因、社会現象を結果とする誤謬、②両者の相互依存関係において残基の一定比率を必要条件ではなく、必要十分条件とみなしてしまう誤謬に注意を促す。[104]そしてパレートはアテネとスパルタ・テーベ・マケドニア、第二帝政期以降のドイツとフランス、ローマとギリシャ・カルタゴ、ナポレオン三世とビスマルク、プロイセンとナポレオン一世等における残基の比率とその歴史的帰結について分析する。

ここで留意すべきことは、エリートの周流を社会システムの変動と混同してはならないということである。われわれは暴力革命による政治的エリートの周流や投機家による経済的エリートの周流に目を奪われ、無意識のうちに社会システムの構造変動をイメージしてしまう。しかしパレートは暴力革命による権力者の交代にせよ、あるいは投機家の経済的成功による上層階級への参入にせよ、それらは動態的均衡状態を維持している社会システムの地位－役割を担う個人が入れ替わるだけで、社会システムの構造変動とは考えていない。

7.2　ファシズムのマルクス

　パレートは人類の歴史をエリート間の闘争の歴史と見た。彼のいう集合体の残基が優勢な一般大衆は、結合の残基が優勢なエリートたちによって支配され、搾取され続けてきた。パレートは「ファシズムのマルクス」と呼ばれたが、人類の歴史を階級闘争の歴史ととらえ、原始共産制から奴隷制、封建制、資本主義社会をへて共産主義社会へ回帰すると主張したマルクスより、闘争をエリート間のそれに限定したパレートの歴史観のほうがより現実的な解釈の枠組みを提示しているように思われる。それは絶えざる周流によって、新しいエリートが社会の下層階級から上層階級へ上昇し、しばしの間繁栄を享受するが、やがて衰退し舞台を去ってゆく、あたかも仏教の「無常」を想起させる歴史観である。パレートはこの「循環、波動、振動」といった現象のメカニズムを形而上学的用語ではなく、少なくとも彼にとっては諸現象から帰納的に導かれた「科学的用語」で語ろうとした。「残基」という概念が科学的概念であるとする主張には強い反発が予想されるが、それを膨大な歴史的・社会的事象で論証・傍証しようとしたパレートの姿勢は評価されるべきだろう。

　『一般社会学大綱』の1章〜5章で展開される科学哲学・方法論は当時の社会科学者の中では群を抜いている。この点に関し著名な数理社会学者であるトーマスJ. ファラロ（Thomas J. Fararo : 1933－）はパレートの科学方法論に関し、「すべての古典的な理論家のなかで彼は理論分析に関する最も洗練された学者として抜きんでている」と最大級の賛辞を送っている。[105] 本書は

政治的扇動を目的とするものではない。あくまで歴史－社会現象のなかから法則命題を抽出するために、冷徹な視線で書かれた書物である。

　恐らくマルクス主義者はパレートの歴史観を「市民不在のブルジョア的歴史観」と非難することだろう。他方、パレートはマルクスの階級闘争のみならず、社会契約説または国民主権論さえ形而上学として批判するだろう。「知識人でさえ残基や感情に駆動され、しばしば判断を誤る。一般市民に価値中立的かつ感情中立的な理性的判断が下せるか」と。これを徹底したリアリズムと見るか、凡庸な一般市民に対するパレート公爵の冷笑とみるか軽々に判断することはできないが、それまでの彼の学問的姿勢から判断すると、前者の立場が妥当な解釈であると思われる。

【注】

(1)　松嶋敦茂は、すでにこの博士論文の中に論理実証主義的方法とシステムの均衡分析という、後年の経済学と社会学の主要な研究方法が胚胎していたと指摘している。(松嶋敦茂, 1985,『経済から社会へ――パレートの生涯と思想』みすず書房, pp.18-9.)

(2)　デカルト以降、ニュートン、ライプニッツによって切り開かれた、いわゆる「変量を扱う数学の時代」に育ったパレートは上述のようにトリノ理工科大学で剛体の力学的均衡の研究を行ったが、その後の彼の経済学ならびに社会学における研究が、この思想の延長線上にあることは疑いない。(日向寺純雄,「パレート社会学とイタリア財政社会学」『青山経済論集』第34巻3号, 1982, pp.9-10.)

(3)　松嶋敦茂, 1996,『現代経済学史』名古屋大学出版会, p.47.

(4)　一般に純粋経済学と称される、経済システムを連立微分方程式で記述したパレートの理論体系は、社会科学という名にふさわしい体裁を備えた新しい経済学の到来を予感させた。だが彼はやがてこの理論体系の説明力と予測力の限界を自覚するようになる。すなわち「純粋経済学は行為の理想状態を扱うわけで、その範囲内においてだけ有効であるにすぎない」のであり、ゆえに「経験的現実においては、経済行為は経済的均衡とまったく同じく、単なる推論による理論的な解釈を妨げる障害に突き当たってしまう」。そこからパレー

トは、「経験的現実について完全に考えをめぐらすためには、相互依存に従って経済的事実を他の諸事実と相関関係にある社会的事実として考えることが不可欠である」と考えるようになった。(Freund, Julian, *PARETO, la théorie de l' équilibre,* Seghers, Paris, 1974, 小口信吉 板倉達文訳,『パレート──均衡理論』文化書房博文社 ,1991, pp.41－50.)

(5) 大田一廣・鈴木信雄・高哲男・八木紀一郎 ,1995,『経済思想史──社会認識の諸類型』名古屋大学出版会 , p.202.

(6) パレートによれば、「人々は、もしある物が人の欲求または願望を満たすなら、それは使用価値、効用を持つ」という。だがこの概念はいくつかの点できわめて不完全かつ曖昧である。まず効用とは排他的な人と物との関係なのだが、このことが十分に説明されていない。第2にこの使用価値は消費量にかかっているということが理解されていない。またある物の使用価値は人によって異なる。死ぬほどのどが渇いている人と、たっぷりと水を飲んだ人とでは水の使用価値はまったく異なる。第3に政治経済において効用という言葉は日常的な意味とまったく異なるものを意味するようになった。たとえばモルヒネは日常的な言葉の意味では、モルヒネ中毒を生じさせるという意味で有害なものである。だが経済学的には有益かつ効用を持つ。なぜならそれは彼の欲求を満たすからだ。経済学の先達がこのような曖昧さを指摘したが、依然としてしばしば忘れられる。このような異なった事象に同じ言葉を用いないことが重要である。そこでパレートは経済的効用をオフェリミテという言葉で表現することを提案する。(Pareto, Vilfredo, 1906, *Manual di economia politica con una introduzione alla scienza sociale,* Milano.（*Manual of Political Economy* = translated by Ann S. Schwier, 1971, pp.110－2.)

(7) 大田一廣・鈴木信雄・高鉄男・八木紀一郎 , 1995, 前掲書 , p.202.

(8) 塩野谷祐一 , 2002, p.36. Samuelson, Paul A. & Nordhaus William D.,1989, *ECONOMICS*, Thirteen Edition.（都留重人訳 , 1992,『経済学』［原書 13 版］岩波書店 , p.544.)

(9) Pareto, 1909, *op. cit.,* p.354. ただし日本語訳は松嶋敦茂 , 1996, 前掲書 , p.110 を使用した。

(10) ちなみに誰の効用も低下させることなく、少なくとも1人の人の効用を高めることができる場合、その選択肢の実行をパレート改善（Pareto improvement）という。

(11) パレートの生涯および経済学者から社会学者への転身については松嶋敦茂によるパレートの年譜（松嶋敦茂 , 1985, 前掲書 ,pp.333-42.)、パレートの *Trattato di Sociologia Generale:.* G.Barbèra,1916 の 12 章と 13 章を翻訳した『社会学大綱』（北川隆吉・廣田明・板倉達文訳 ,1987）の訳者解説、川崎嘉元「パ

レートの思想」鈴木広・秋元律朗編著, 1985,『社会学群像 (1)』アカデミア出版会などを参照していただきたい。
(12) Pareto, 1916, op.cit. 同上訳書, pp.366-90. および松嶋敦茂によるパレートの年賦（松嶋敦茂,1985, 前掲書,pp.333-42.）
(13) 松嶋敦茂,1985, 前掲書,pp.58-9. ドレフュス事件とは、1894年、ユダヤ人のドレフュス陸軍大尉（Alfred Dreyfus：1859-1935）がドイツのスパイ（軍事機密漏洩）であるとして終身流罪の判決を受けたが、のちに冤罪であることが判明した事件である。この事件は19世紀末から20世紀はじめにかけフランス世論を二分したが、反ドレフュス派（反ユダヤ主義，愛国主義的右翼，強固な軍部による対独復讐をうたう軍国主義など）に対して、左派と共和派の一部が人権同盟を組織してドレフュス救援に動き出し、最終的に勝利を勝ち取った。（西川正雄他編, 2001,『角川世界史辞典』角川書店）。
(14) さまざまな歴史的事件を題材として社会システムの分析を実践する前に、これらの事例の分析において主観的価値判断が混入していること。第二に、これらの価値判断を正当化しようとする派生（体）のなかで使用される用語や概念が厳密に定義されていないため、論理的な議論の展開が不可能であるという点である。(Pareto, 1916, op. cit., §§ 2140-7)。ちなみにパレートが§2152で派生体を「あるいは神話、イデオロギー、でもよいのであるが」と述べている点は興味深い。というのも、これによってやや強引にではあるが残基を価値感情、派生体はそれを正当化するイデオロギーと読むことができるからだ。
(15) Pareto, 1916, op.cit., §2128.
(16) 松嶋によれば、そのメカニズムは以下のとおりである。「まず公共当局はあ・る『仮説』にしたがって諸個人の効用に種々の『係数』をかけてこれらを同質化する。そのさい、社会的に望ましいと判断される効用には高い係数が、反対に社会的にみて望ましくないと判断された効用には低い係数(0を含めて)がかけられる。これらの係数をかけられて『同質にされると、えられた諸量は加算できる』。このようにして得られたものが『社会にとっての効用』である。公共当局はこれを『極大』にするような政策を実施する。その結果、Pタイプの諸点の中の一つが『社会的均衡』として決定される」。(松嶋敦茂,1996, 前掲書, p.112.)
(17) Pareto, 1916,op. cit., §§2134-5. (Pareto, 1916, 前掲訳書, §§ 2134-5.) パレートによれば、一般に富や資源の分配は支配階級には利益を、被支配階級には犠牲を強いる場合が多いが、「非論理的衝動だけが被支配階級に彼の個人的効用の極大を忘れさせ、社会の効用の極大もしくは単に支配階級の効用の極大のためにはたらかせる」。つまり非論理的衝動によって被支配階級は自己の目

的を忘れ、支配者から与えられた目的を自己の目的と考え、その達成に従事するというわけだ。

(18) Parsons, Talcott, 1977, *Social Systems and the Evolution of Action Theory,* The Free Press.（田野崎昭夫監訳『社会体系と行為理論の展開』誠信書房 , 1992, p.28.）
(19) Pareto, 1916, *op.cit,* §145.
(20) Weber, Max, 1921, *Gesammelte Aufsäze zur Religionssoziologie,* Bd.1, Vorbemerkung. 大塚久雄 生松敬三訳 ,1973,『宗教社会学論集』みすず書房. Sica, Alan, 1988, *Weber, Irrationality and Social Order,* Berkley: University of California Press, Chapter 1 参照。
(21) 合理的行為が有効でありかつ合理的行為を前提とする分析が有効であるのは、行為者と関わる他のすべての他者もまた合理的に行為すると想定される状況においてのみである。（Schutz Alfred, 1964, *Collected Papers* Ⅱ, Martinus Nijhoff.）
(22) 松嶋敦茂 , 1985, 前掲書 , pp.70-2.
(23) Pareto, 1916, *op. cit.*, §§ 270-304.
(24) *Ibid.,* §§ 307-56.
(25) パレートがこのような命題の典型として槍玉に挙げるのが「自然法」である。彼によれば、それは正しい理性の原則、自然における普遍的原理、神聖な意志などという表現を与えられ、古代から中世、そして近世に至るまで社会規範の妥当性の根拠とされてきたものであるが、その実質は社会および人間に関して人々が信奉する価値観を形而上学的に展開したものにすぎない。もちろん社会の統合にとってこれらの評価的信念は決定的に重要な役割を果たす。だがそのような形而上学的、評価的信念に対して科学はいかなる判断も下しえない。にもかかわらずそれらの信念は、あたかも経験的に妥当な根拠をもつかのごとく主張されている。そしてその例証としてパレートはアリストテレスからエピクリス、パウロ、キケロ、グロチウス、プーヘンドルフ、トマス・アキナス、ビュルラマキ、バッテル、ホッブス、ロック、ルソーに至る思想家たちの自然法理論を挙げ、その曖昧さ、論理的矛盾、検証不可能性、価値の前提などを告発する。(*Ibid.,* §§ 401-66.)
(26) これらの議論をとおしてパレートは、論理－実験的、すなわち科学的信念と、経験的検証が不可能な形而上学的信念との峻別を訴える。だがここでパレートは非経験的な信念と価値評価的信念、さらには感情の問題を明確に区別せぬまま論じてしまうことから無用な混乱を生じさせている。議論を明確にするためには、「論理的（または感情中立的）－感情的」「経験的－非経験的」「認知的（または没価値的）－価値評価的」という三つの次元を区別すべきである。

(27) これらの分析においては、特に神話や歴史物語の解釈に関する恣意性と非経験性が告発される。それは解釈に関する方法論的批判といった外観を呈するが、加えて彼はアミニズム、トーテミズムに関する理論、オーギュスト・コント、ハーバート・スペンサーの進化論、さらには神話や慣習についての進化論的および伝播論的解釈を批判し、それに代えて構造主義的解釈ともいうべきものを提示する。例えば古代ローマでヴェスタの神に仕えた女性たち、ペルーで太陽の神に仕えた女性たち、そして伊勢神宮の斎王などに看取されるように、「神に仕える女性は処女でなければならない」という規範が広く存在する。すなわち世界には時間空間を異にしながらも、類似した構造をもつ神話や物語、風習が数多く見出される。パレートによれば、その類似性はそれらの事象が人間精神の進化における、ある発展段階で必然的に生じるものであるとか、伝播による模倣の結果生じたものであるとかいった推論にはどのような証拠も提示しえない。ゆえにそれらの類似性は「根底にあるひとつの感情が、異なった表現形態で現われた」結果生じたと考えるべきであると主張する。(Ibid., §§743-7.) この構造主義的な説明そのものが残基と派生の例証となっていることに留意しよう。

(28) Ibid., §798. これらはすでに『一般社会学大綱』§217,§306,§514 で示唆されていた。それぞれの要素を具体的に理解するにはパレートの次の例が分りやすい。「例えば次のような原理がある。またはもしお望みなら感情があると言ってもよいであろう。すなわちある数が崇拝されるに値するという感情が存在する。これが、われわれがさらに研究してみようと思っている、事象の主要な要素 a である。(§960f.) しかし人間は単にそのような感情と数字を結びつけるだけでは満足しない。彼はまたいかにしてそのような事が生じるのかを『説明』したいと望み、かつ論理の力によってそれを証明したいと考える。そこで b の要素が侵入し、結果として、なぜある数が神聖であるのかについて、われわれはさまざまな『説明』や『証明』を有することになる」。(Ibid., §799.)

(29) Ibid., §803, §868.

(30) ここでパレートが「行動」ではなく「心的状態の言語的表象」に着目する理由について、パーソンズは「行動」よりも「心的状態の言語的表象」のほうが「心的状態」とは独立に変化する可能性が低いこと、従って「心的状態」のより正確な指標となることを挙げている。(Parsons, Talcott, 1937, *The Structure of Social Action,* McGraw-Hill ed. 稲上毅・厚東洋輔・溝部明男訳, 1976-1989,『社会的行為の構造』稲上毅・厚東洋輔・溝部明男訳, 第2分冊, p.100.)

(31) Ibid., p.103.

(32) Ibid., p.109. このうち定数が「残基」なのであるが、この残基という名称には「言語的表現から可変的要素を取り除いた結果、後に残されたもの」とい

う意味が込められている。(松嶋敦茂, 1985, 前掲書, p.72.)
(33) 松嶋敦茂, 1985, 前掲書, p.74.
(34) 新明正道, 1967, 『社会学的機能主義』誠信書房, p.309. 例えば個人に存在する第一種の残基と第二種の残基の割合がエリートの種類を決定すると考えられているし、エリートと大衆に存在する残基の分布が社会の秩序と変動にとって決定的に重要な要因として考えられている。
(35) Pareto, 1916, *op. cit.,* §149.
(36) Parsons, 1937, 前掲訳書, 第2分冊, p.88.
(37) Pareto, 1916, *op. cit.,* §150. 訳文はパレートの（*Trattato di Sociologia Generale*: 1916.）の英語訳（*The Mind and Society*）の §150 を筆者が日本語に翻訳したものである。
(38) Aron, 1967, *Main Currents in Sociological Thought* II, Basic Books Inc.（北川隆吉・宮島喬・川崎嘉元・帯刀治訳, 1984, 『社会学的思想の流れII』法政大学出版局．）Parsons, 1937, 前掲訳書, 第2分冊, pp.90−2. 松嶋敦茂, 1985, 前掲書, p.304.
(39) 松嶋敦茂, 同書, p.305.
(40) Pareto, 1916, *op. cit.,* §151.
(41) *Ibid.,* §154.
(42) *Ibid.,* §160.
(43) *Ibid.,* §160, §180
(44) *Ibid.,* § 157
(45) *Ibid.,* §§ 155−7
(46) *Ibid.,* §159.
(47) Parsons, 1937, 前掲訳書, p.90.
(48) 松嶋敦茂, 1985, 前掲書, p.326.
(49) Pareto, 1916, *op. cit.,* §§ 162−4, §§ 267−9.
(50) *Ibid.,* §163.
(51) Aron, 1967, 前掲訳書, p.156.
(52) 循環的分析の具体的事例については Pareto 1916, *op.cit.,* §§165-8, §268. を見よ。
(53) Pareto, 1916, *Ibid.,* §803, §868.
(54) Parsons, 1937, 前掲訳書, 第2分冊, p.107.
(55) *Ibid.,* p.107, 脚注。
(56) 松嶋敦茂, 1985, 前掲書, p.327.
(57) Zeitlin, Irving M., 1968, *Ideology and the Development of Sociological Theory*, Prentice-Hall, Inc., p.180.

(58) この点に関するアロンの分析は興味深い。彼は非論理的行為の効用について、パレートの思考にそって次のような議論を展開する。社会秩序は本質的に個人が集合体の利益のために自らの利益を犠牲にするという非論理的行為によって可能となる。例えば人が盗みを働いたり、他人を欺いたりすることは集合体の秩序を乱し、社会に対する人々の信頼を低下させ、最終的には本人の日常生活にさまざまな不利益を及ぼすだろう。だが少なくとも短期的に見れば、この間接的な不利益は上述のような違法行為によって得られる直接的利益よりも遥かに小さなものである。従って、もし人々が論理的に行為しようとするならば、必然的に逸脱行為が選択されるはずである。ところが現実はそうではない。アロンによればその究極的な原因は「人々が論理ではなく情念や感情によって行為する」ことに求められる。「社会が存続しうるような仕方で個人を行為させるものこそ、まさしく彼らの情念や感情にほかならない。換言すれば、社会は人間行動が非論理的であるがゆえに存続する」というわけである。(Aron, 1967, 前掲訳書, p.221.)
(59) Aron, *Ibid.*, p.220. Zeitlin, 1968, *op. cit.*, p.159.
(60) Aron, *Ibid.*, p.233. Freund, 1974, *op.cit.*, p.7.
(61) Freund, 1974, *Ibid.*, p.112.
(62) Pareto, 1916, *op. cit.*, §154.
(63) 「このような場合、非論理的衝動だけが、被支配階級に彼の個人的効用の極大を忘れさせ、社会の効用の極大もしくは単に支配階級の効用の極大のために働かせるのである」。(Pareto ,*Ibid.*, §2134.)
(64) *Ibid.*, §1216.
(65) 恐らくこの方面におけるパレートの最大の貢献は、呪術や宗教に見られるような単純な形而上学的命題ではなく、進化論や人類学的伝播論、さらには進歩の観念や民主主義、人道主義といった当時流行りの思想を「擬似科学的理論」として、一刀両断のもとに切り捨てたところにある。特定の価値を含むがゆえに抗し難く、論理的のみならず科学的であるかのような錯覚を生じさせるこれらの概念、思想をパレートは冷徹な目で「神学・形而上学の継承」と断罪した。(*Ibid.*, §1881.)
(66) *Ibid.*, §1543.
(67) *Ibid.*, §850.
(68) *Ibid.*, §875.
(69) McDougall, William, "Pareto as a Psychologist," *Journal of Social Philosophy*, vol.1, No.1, pp.36-52.
(70) Robinsons, James Harvey, *The Mind in the Making,* New York and London: 1921, p.47.Hook, S., "Pareto's Sociological System.", *The Nation,* CXL: 3651, June 26,

1935, pp.747-8.
- (71) 富永健一, 1996,『近代化の理論』講談社学術文庫, p.298.
- (72) Pareto, 1916, *op. cit.,* §§401-66.
- (73) *Ibid.,* §2116, §§ 2118-9, §2134, §2135.
- (74) *Ibid.,* §2143.（訳語は前掲訳書, §2143 を使用）さらにパレートは「社会の組織に関係するあらゆることについて、人々は論理によってよりもずっと多く感情によって動かされ」ており、その際「社会的事柄において用いられる論理はほとんどすべて派生体である」と断言する。(前掲訳書, §§ 2146-7.)
- (75) 友枝敏雄, 1998,『モダンの終焉と秩序形成』有斐閣, p.111.
- (76) Pareto, 1916,*op. cit.,* §§ 2060-1.
- (77) *Ibid.,* §2062, §2063, §2091, §2106.「ちなみに理論経済学においてはこのことが可能であった。それが理論経済学の進歩の原因である」。(*Ibid.,* 前掲訳書, §2107, §2146.) 社会学においても諸個人の効用が同質的な量で表され、それらの総和を集団の全体的効用と考えることができるならば、理論経済学の手法を応用することができるであろう。しかしそのようなことは不可能である。というのも諸個人の効用は異質的であり、特定の指数で提示することが不可能だからだ。(*Ibid.,* §§ 2121-7,§2143.)
- (78) 「利益と呼ばれる感情の総体は、この種の残基が対応している感情と同じ性質のものであり、この残基のうちに入れられるべきものであるが、それは社会の均衡にとってはなはだ重要であるため、残基とは別にしてこれを考察する方が良いだろう」。(*Ibid.,*§1207.)
- (79) *Ibid.,* §§ 2087-88, §§ 2145-55. ここでパレートはこの過ちを犯している事例として歴史に関するさまざまな著作をあげる。「歴史に関する多くの著作は、ふついいろいろなタイプの観察の合成物であるが、さらに派生体と倫理的考察とがこれに加わるのであって、著者の目指す諸目的と神話とが現実的諸事実からはっきり区別されていない」。彼によれば多くの歴史書は残基の歴史ではなく派生体の歴史であり、その結果、ほとんどの歴史書には歴史的事実と、それに対する著者の感情、倫理的判断、価値判断が混在している (*Ibid.,* §§ 2156-69.) ここにおいてパレートがウェーバー同様、事実の観察、分析に際し、価値判断の排除を強く訴えていることに対して留意しよう。
- (80) *Ibid.,* §§ 2171-5.
- (81) *Ibid.,* §2178, §2227.
- (82) *Ibid.,* §2179.
- (83) *Ibid.,*§§2178-9. パレートによれば、これと同様な事態が国際関係でも生じる。「力を行使する習慣を失った国民、ある作戦を金銭の借方と貸方に、したがって商業的に判断することに慣れてしまった国民は、平和を買う方向に容

易に傾く」。しかしそれは結果的に一国民を破滅に導く。
(84) *Ibid.*, §2180, §2185, §§ 2190-1, §2199, §2257, §§ 2274-7. すでにこの時点で「エリートの周流」原理が論じられていることに留意しよう。
(85) *Ibid.*, §2208.
(86) Pareto, 1916, 前掲訳書, ⅱ（訳語解説）。
(87) Pareto, 1916, *op. cit.*, §§2208-10.
(88) *Ibid.*, §2211.
(89) *Ibid.*, §§2212-8.（訳語は前掲訳書, §§2212-8. を使用）
(90) *Ibid.*, §2221.（訳語は前掲訳書, §2221 を使用）
(91) *Ibid.*, §2211.§2223. 好戦的循環のためには、征服によって搾取すべき豊かな国々が存在することが必要である。もしそのような富んだ国民が消滅してしまえば、好戦的な国民が大部分を占める国は衰弱死することになる。一つの例外は古代ローマであったが、そこには長期間にわたる征服戦争の間接的効果があった。しかし征服によって搾取すべき豊かな国民（ギリシャ、アフリカ、アジアの豊かな地域）が不足するようになると同時に、商業的および工業的繁栄は衰弱していった。（*Ibid.*, §2225.）
(92) ここでパレートは近年多くの経済学者が、政治的理論に対して、もっぱら経済的な理論、いわゆる「唯物史観」を対置し、結果的に「社会諸現象の相互依存を無視するという誤謬」に陥っているとして、間接的な形ではあるがマルクスの唯物史観における経済決定論を批判している。
(93) Pareto, 1916, *op. cit.*, §§ 2244-5, §2251. 前者の政治体制より後者の政治体制の方が、政権は安定する。だがその場合、力の行使に対する信念は専制君主の側だけでなく、被支配階級にも存在する（圧制に対する抵抗）。この種の政治体制の均衡が破られる理由はここにある。
(94) *Ibid.*, §2257.（訳語は前掲訳書, §2257 を使用）金権政治に対する批判は我が国でも議会制民主主義を採用して以来途絶えたことがない。理想主義者はこのパレートの言説に嫌悪感を抱くであろうが、善悪ではなく真偽の基準から判断すれば、正しいのはパレートのほうである。しかし権力と金銭の交換という命題が一定不変性をもつと主張することは、民主政治における金権体質からの脱却の可能性を否定してしまうことになる。
(95) *Ibid.*, §2268.（訳語は前掲訳書, §2268 を使用）
(96) *Ibid.*, §2268. 国民の教育レベルが上昇し、当時とは比較にならぬほど政治に対する監視が強化された今日でさえ、多くの国々では選挙に多額の金がかかり、政治家は支持者の利益を考慮しなければならない。政治家のさまざまなスキャンダルが紙面を賑わすことも多いが、政治とは資源の分配をめぐる諸集団の抗争であり、代議士はこれら集団の利益代表であることを考えれば、

彼の主張はしごく当然のこととみなすこともできる。
(97)　Pareto, Vilfredo, 1916, *Ibid.,* §§ 2299–2301.
(98)　*Ibid.,* §2316.（訳語は前掲訳書, §2316 を使用）
(99)　*Ibid.,* §§ 2321-2. 残念ながら筆者はパレートのような該博な歴史的知識をもたない。しかしユークリッドによる数学の定式化が、ギリシャ時代に行われたことからして、その可能性は十分考えられる。だが、その後、西欧社会は中世キリスト教の闇に包まれ、ルネッサンスとともに合理主義が復活する。我々人類はこのような無知と啓蒙の循環に翻弄されてきたのか。現代社会においてさえ生き続ける非合理的な思想や信仰の根源は何に由来するのだろう。
(100)　*Ibid.,*§2325.
(101)　*Ibid.,*§§ 2326-7.「あらゆる国においてプロレタリアの擁護者自身はプロレタリアではなく、それどころか、非常に裕福な人々であること、ある人たちは社会主義党の代議士や文筆家のように、金持ちあるいは大金持でさえある」。
(102)　*Ibid.,* §2329.（訳語は前掲訳書, §2329 を使用）
(103)　*Ibid.,* §2413.（訳語は前掲訳書, §2413 を使用）
(104)　この言明は明らかにパレートが実際行った分析と矛盾している。なぜパレートがしばしば言明した分析方針と矛盾する分析を繰り返すのか、残念ながらその原因はよく分からない。
(105)　Fararo, Thomas J, 1989, *The Meaning of General Theoretical Sociology,* Cambridge University Press.（髙坂健次訳, 1996,『一般理論社会学の意味──伝統とフォーマライゼーション』ハーベスト社, p.97.）

2章 ローレンス・ジョージェフ・ヘンダーソン

1 社会システム理論の仲介者 L.J. ヘンダーソン

　今日、社会学に携わる人々のうち、どれほどの者がL.J.ヘンダーソン（Lawrence Joseph Henderson：1878－1942）の名を知っているだろうか。社会学の文献において彼の名前が引用されることはほとんどない。そもそも彼は体液や血液の研究で著名な生化学・生理学者であり、本格的に社会学に携わったのは最晩年の10年にすぎない。しかもその活動の実質はパレートの紹介と擁護に限定されており、社会学に関する業績としては数本の論文と未完の著書2冊が残されているにすぎない。それでは、今、そのような人物の活動と業績を振返ってみることにどのような意義があるのか。

　確かに社会学に与えたヘンダーソンの直接的影響は決して大きくはない。だが、彼は少なくともT.パーソンズ、G.C.ホーマンズ、R.K.マートン、K.デーヴィス、ウィルバート・エリス・ムーア（Wilbert Ellis Moore：1914－）、ウィリアム・ロイド・ウォーナー（William Lloyd Warner：1898－1970）、W.F.ホワイト、ロビン・ウイリアムス（Robin Williams）といった、次世代の社会学を担うハーバードの若き研究者たちに影響を与え、彼らのうちのある者には非常に大きな影響を与えた。間接的影響ではあるものの、ヘンダーソンがこれらの著名な社会学者を通して、戦後の社会学に与えた影響は決して看過されるべきではない。恐らく彼の最大の貢献は、パレート社会学の紹介を通して、ハーバード大学の研究者たちに社会システムの概念を定着させたことである。

　それはよりマクロな視点から見れば、当時、急速に発展しつつあった自然科学の方法を、社会科学へ移植しようとする試みであった。そのような試みは著名な生化学者・生理学者であり、かつ科学哲学者でもあったヘンダーソ

ンにしてはじめて可能な業であった。それは後にパーソンズによって定式化された、構造-機能主義理論の基本的フレームに重要な影響を与えた。[1]

もちろん、アメリカに初めて本格的にパレートを紹介し、思想家たちとの激しい論争を通して一時期パレートへの関心を高めたこと[2]、また科学哲学に関する深い学識と洞察に基づいて、科学としての社会学に必要な認識論と方法論についての自覚を促したこと、さらに医学部出身という経歴に基づいて医療社会学への関心を高めたことなども、一般には知られていない彼の重要な貢献である。また当時のハーバード大学における最高実力者のひとりとして、疲労研究所やソサイアティ・オブ・フェロウズ (The Society of Fellows) を創設したり、哲学者アルフレッド・ノース・ホワイトヘッド (Alfred North Whitehead: 1861-1947) をはじめ、著名な研究者を招聘したりすることで社会学の発展に貢献した業績も忘れてはならない。

本章はヘンダーソンの認識論と科学方法論に留意しながら、彼の生化学および生理学的研究の軌跡をたどり、晩年の社会学の研究に応用されたメタセオリー（システム理論）の描出を主要な課題とする。[3]

2 システムと均衡

2.1 ヘンダーソンの方法論の思想史的位置づけ

生化学および生理学におけるヘンダーソンの方法論は、「機械論的システム論」というタームで特徴づけることができる。ここで「機械論」とは「生気論」との対比で、あらゆる生命現象は究極的にそれを構成する物質の特性と作用によって説明されうるという立場、換言すれば、生物と無生物の連続性を強調する立場をさす。また「システム論」とは還元論的な「因果論」との対比で、全体を単なる部分の特性および通時的な2変数間の因果関係へ還元するのではなく、逆に、創発的特性に留意しながら、相互に関連づけられた複数の変数間の双方向的な関係を共時的かつ全体的に捉えようとする方法論的立場をさすものとする。

ヘンダーソンが本格的に生化学の研究と取り組むようになる少し前、す

なわち1890年前後は、生物学が従来の記載科学としてのイメージを払拭し、実験科学の段階へ転換した時期であった。それは当時の物理学と化学の発展に支えられた生化学、生理学および微生物学の急速な発展の結果であった。生命科学のこのような転回は、必然的に生命科学全般において、生命に関する機械論的および還元論的見解を著しく強化した。[4]物理学にある種の優越感情を抱き、生命現象を物理化学的手法で解明しようという明確な動機付けをもって生化学を専攻したヘンダーソンもまた、当然のことながら強固な機械論的信念を抱いていた。[5]

だが、このような機械論的志向にもかかわらず、ヘンダーソンは還元論的な因果分析ではなく、事象の全体性を重視するシステム論的分析方針を採った。生命現象の全体性への着目は、さきに述べた機械論的、還元論的見解に対する対抗観念として現れたもので、20世紀の初頭から第二次世界大戦のころまで盛んに唱えられ、あるいは問題にされた視点である。[6]それは直接的にはドイツの生物学者ハンス・アドルフ・エデュアルド・ドリーシュ(Hans Adolf Eduard Driesch: 1867–1941)の新生気論において強調された、生命現象の全体性という認識を引き継いだものであるが、[7]よりマクロな思想的潮流と照らし合わせてみれば、19世紀後半から20世紀前半にかけて、科学、哲学、芸術の各領域に勃興した機能主義(関数主義)の生命科学の領域における顕現と見ることができるだろう。それは実体概念を否定し、全体を部分に分け、それらの相互関係を把握することによって諸現象をより動態的かつ関数的に認識しようとする志向を有していた。ここからゲシュタルト、システム、構造といった20世紀の科学の基礎概念が準備されたのであるが、ヘンダーソンや、彼の同僚で、ホメオスタシス概念で有名なW.B.キャノンは、まさにこれらの方法論的思想動向を生命科学において体現した研究者であった。

2.2 システムと均衡

ヘンダーソンの分析方法は、認識の対象となるある全体を相互に影響を与えつつ均衡状態を志向する「(閉じた)システム」として概念化し、それを構成する構成要素(変数)間の関係を、連立方程式の形で定式化するというも

のであった。これは彼の最初の学問的成果である「動物有機体における酸‐塩基均衡の数学的定式化」から晩年の「血液」の研究に至るまで一貫して採用されている方法である。

シンシア・イーグル・ラセット (Cynthia Eagle Russet) によれば、ヘンダーソンのシステムおよび均衡の概念は、熱力学の諸法則を均質な物質系のみならず異質な物質系にまで敷衍し、生化学という学問分野を切り開いた物理学者ジョサイア・ウィラード・ギブズ (Josiah Willard Gibbs : 1858-1903) と、生理学に機械論的決定論を持込み、近代生理学を確立したクロード・ベルナール (Claude Bernard : 1813-1878) という2人の偉大な研究者に負うものであるとされている。[8]

ギブズは1873年の「不均一物質系の均衡について」という画期的な論文において、従来は不可能であった複数の異質な物質を含む集合体の熱的、力学的属性を決定する方程式を導いた。これによって均一物質からなる集合体の熱的、力学的属性を算定するのと同じ手続きによって、複合的システムの熱的および力学的属性の算定が可能になったばかりでなく、システムを構成する要素の化学的属性を算定すること、すなわち複数の異なった物質を含むシステムにおいて、ある物質の質量が一定量変化した場合、他の物質の質量がどれだけ変化し、均衡に至るかを算定することが可能となり、ここに生化学という新しい学問分野が開拓された。[9]

ヘンダーソンはギブズの物理‐化学的システムという考え方に強い感銘を受け、これこそシステム概念の有効性を示す事例であると確信した。実際、生理学におけるヘンダーソンの最初の学問的貢献である「動物有機体における酸‐塩基均衡の数学的定式化」は、ギブズの物理‐化学的均衡理論によって触発された関心を生命科学へ敷衍させたものであった。[10]

19世紀における物理学の輝かしい成功は、必然的に機械論的世界観を、換言すれば、唯物的な一元論を浮揚させ、自然の統一性とそれに関する知識の統一性を強調する視点を生み出した。その結果、生物学への物理学的概念の導入が促進され、生命現象の解明にあたり、物理学や化学から積極的に概念や手法を借用して分析を進めようとする気運が高まった。[11]ベルナールは、それらの概念と手法の生理学への導入を主張し、実践した最初の人物であ

る。彼が物理学から導入した概念のなかで、均衡概念は特に重要である。というのも彼の偉大な貢献である、血液の循環に関する「内部環境の定常性」という観念は、実質的に環境に適応する有機体の均衡メカニズムを述べたものにほかならず、それは彼自身の生理学の主要なフレームを構成しているからである。[12]

20世紀前半には、この内部環境の概念に基づく、生命体を調整するメカニズムに焦点を定めた数多くの研究がイワン・ペトロヴィッチ・パーブロフ (Ivan Petorovich Pavlov : 1849 – 1936)、L.J. ヘンダーソン、ジョン・スコット・ホールデン (John Scott Haldane : 1960 – 1936)、W.B. キャノン、チャールズ・スコット・シェリントン (Charles Scott Sherrington : 1857 – 1952)、ジョーゼフ・バークロフト (Sir Joseph Barcroft : 1872 – 1947) などによって行われた。ヘンダーソンにこの概念の検討を促したのはホールデンの著書であったが、[13]実に半世紀以上も検証されないままであったベルナールの仮説を、多くの実証的研究に基づいて検証し、身体の恒常性またはホメオスタシスの理論として体系化したキャノンは、ヘンダーソンにこの概念の重要性をあらためて刻印した。これらの生理学者たちは、いずれも生命体を、定常状態を維持する複雑な調整メカニズムを備えた自動制御システムとして把握する有機体論的な機械論者であったが、そのフレームがベルナールによって準備されたものであることは言うまでもない。こうしてヘンダーソンとの中でギブズの物理－化学的システムとベルナールの生物学的システムが出会い、融合した。[14]

3　生化学者・生理学者としてのヘンダーソン

すでに述べたように、社会学に対するヘンダーソンの最大の貢献は、方法論的な観点からすれば、システムおよび均衡という物理学的概念を社会学（または社会科学一般）に移植し、それを定着させたことにある。いかに輝かしい成功を収めた学問領域の概念であろうと、それを全く異った領域のデータに適用することが、はたして可能であるかという疑念が生じるが、そ

の問題は彼の構想した社会学を評価する際に検討することにして、ここでは後に彼の社会学のメタセオリーとなるシステムおよび均衡概念に依拠して展開された、生化学および生理学における研究活動の軌跡をたどってみることにしよう。ちなみにヘンダーソンの自伝に関しては、様々な資料のうち、主にヘンダーソンのシステム概念を研究したJ.L.パラスキャンドラ(John L. Parascandola)の博士論文とB.バーバーが編集、出版したヘンダーソンの論文集(L.J.Henderson *On Tne Social System: Selected Writing* ,1975)におけるバーバーのイントロダクションに拠って記述する。

3.1 生化学者への道のり

ローレンス・ジョーゼジェフ・ヘンダーソンは1878年6月3日、マサチューセッツ州の港町リン(Lynn)で生まれた。父のジョージェフ・ヘンダーソン(Joseph Henderson)は船舶雑貨商を営む富裕な商人で、母のメアリー・リード(Mary Reed)は、西部からオハイオ州の開拓者村に移住し、そこで道路建設に使用する砂利の採取を営んでいたスコットランド移民の娘であった。二人はリードが東部の親戚を訪れたとき出会い、結婚した。ヘンダーソンは双子として生まれたが、一人は幼くして死亡し、二人の弟と一緒に成長した。学齢期に達すると、ヘンダーソンは初等教育を受けるためにマサチューセッツ州セイレムの公立小学校に通学し、さらにセイレム・ハイスクールで学んだ。

1894年、16歳でハーバード・カレッジに進学したヘンダーソンは、1914年にアメリカで初のノーベル化学賞を授賞したセオドア・ウィリアム・リチャーズ(Theodore William Richards : 1868-1928)の指導によって化学に関心を持った。

ヘンダーソンはリチャーズから物理化学の教えを受けたばかりではなく、彼の化学史の講義を通じて科学の歴史にも深い関心を抱くようになった。[15] これに触発されたヘンダーソンは、その後も科学の歴史一般に関する文献を渉猟し、ついには友人でもあったハーバード大学総長アボット・ローレンス・ローウエル(Abbott Laurence Lowell : 1856-1943)のはからいにより、1911年、全米でもっとも早い時期に始められたもののひとつである科学史の講義

を開講するに至った。⁽¹⁶⁾さらに1924年には科学史学会を創設し自ら初代の会長を努めたが、これらの経験は彼に科学哲学と科学方法論に関する深い理解と自覚をもたらした。

1898年、カレッジを2番で卒業した後、ヘンダーソンは生化学を学ぶべく医学部へ進学する。しかし当時は医学部でさえ、生化学は体液と排泄に関する試験に備えるための講義として置かれているにすぎなかった。そこで彼は卒業に必要な勉強は最小限にとどめ自らの関心領域の研究をほとんど独学で進めていった。

1902年、医学博士号を優等の下で取得したあと、ヘンダーソンは生化学に物理化学を応用したパイオニアの一人である、フランスのストラスブール大学、フランツ・ホフマイスター（Franz Hofmeister：1850-1922）研究室へ留学した。この研究室で取り組んだ課題は明瞭な形で結実することはなかったが、彼は幾多の有益な経験を持つことができた。例えばこの時期、彼は生涯続けることになる、ヘモグロビンの部分加水分解の生成物についての研究を開始するが、有機化合物の酸化熱のデータ分析から興味深い結論を引き出した。それは「炭素化合物の酸化熱は分子のすべての構成要素に影響を及ぼし、そして他のすべての構成要素から影響を受ける。一般に、このような状況の因果関係の分析にあたっては、ある種のかなり数学的取扱いをしなければ困難である」というものであるが、そこにはすでに、後に彼の方法論の核となるシステム論的分析視角が明確に示されている。[17]

3.2 酸-塩基均衡の数学的定式化

1904年にヨーロッパから帰国したヘンダーソンは、ハーバード大学医学部の非常勤講師となり、リチャーズの研究室で〈分子構造に対する燃焼熱の関係〉というテーマと取り組んだ。翌1905年、彼は「原子と分子の燃焼熱」("The Heats of Combustion of Atoms and Molecules.")という論文において、特定の原子価の燃焼熱は原子の性質のみならず、分子に占める原子の位置によっても変化するという命題を、ストラスブール時代に集積した膨大なデータとともに提示した。この年、ヘンダーソンは後にスタンフォード大学の教授となるカールL.アルスバーク（Carl L. Alsberk）とともに講師に昇格

する。しかし酸を基盤とする均衡についての研究のほうが生化学者としての自分にとってより生産的であると判断したヘンダーソンは、1906年までに「血液と体液に関する酸－塩基均衡」の問題に関心を移し、動物有機体の中和調整メカニズムを弱酸性の解離理論による計量的な物理－化学的用語で説明することに専心した。そしてついに1908年、生化学における彼の最初の貢献である「生物有機体における酸－塩基均衡の数学的定式化」に成功した。[18]

人間の身体には血液におけるpHの値を7.4前後に微調整するメカニズムが備わっている。このメカニズムは、今日「緩衝作用」として知られているものである。緩衝作用とは溶液中に、例えば炭酸（H_2CO_3）と炭酸イオン（HCO_3）のように共役する酸と塩基が共存する場合、外部から少量の酸や塩基が加えられても溶液のpHがほとんど変化しない現象を言う。血液にはヘモグロビン系、血漿タンパク系、重炭酸塩系、リン酸塩系の四つの緩衝作用が存在するが、このうち生体内においては重炭酸塩系緩衝作用が緩衝作用全体の65％を受け持っており、もっとも重要な緩衝メカニズムとなっている。ヘンダーソンの公式は、この重炭酸塩系の緩衝作用を数学的に定式化することに大きく貢献した。[19]

3.3　自然哲学と目的論の展開

この中和調整機構における炭酸の驚くべき性質の発見は、ヘンダーソンに大きな影響を及ぼした。酸の中でも炭酸はとりわけユニークな性質を有しており、その水溶液は絶えず大気中の二酸化炭素との交換を行っている。この炭酸の緩衝システムは生物有機体のみならず、海洋と自然に存在するすべての水に含まれる水素イオンの濃度を安定させることに役立っている。やがてヘンダーソンはこれらの事実が持つ意味を生物有機体のみならず、地球上の環境へと敷衍する。彼は水の卓越した性質のなかに二酸化炭素または炭酸と同様の意義を認め、さらに水と二酸化炭素の組成に含まれる炭素、水素、酸素という三つの要素が生物有機体の構造と機能の基礎をなし、かつ様々な物質の形成を可能とするという命題を体系的に定式化した。この作業によって生まれたのが『環境の適応（*The Fitness of the Environment*, 1913）』である。

本書は環境という物理－化学的システムと、生命という有機体システムの

間のエネルギー交換を中心に、両者の相互交換、相互適合性を論じたものであるが、とりわけ環境の側の生命に対する適合性を論証の中心課題とした。なぜ環境にこのような適合性が存在するのか。環境に対する生命の適合性は進化論(自然淘汰)で説明できる。だが生命に対する環境の適合性に進化論を適用することはできない。なぜなら環境を構成する物質は生命の誕生に先行する所与の条件であるからだ。

　ここで彼は「適合性とは有機体と環境との互恵的関係である」という命題を立てる。つまり、ダーウィン的な意味で生物有機体は環境に適応するのであるが、それが可能なのは環境の側に生物有機体の特性のパターンに適合する性質が備わっているからだと説明する。しかしこの説明は環境を構成する物質とエネルギーが、本質的に生命を創造および維持する特性を備えているという目的論であり、環境の適合性に関する因果的説明になっていない。ヘンダーソンも、このことには気づいており、このような議論は形而上学に近く、科学的な説明は不可能であるとした。だが、にもかかわらず彼はこの問題に固執し、続く数年の間、目的論に関する膨大な文献を渉猟した。[20]

　ヘンダーソンは炭素、水素、酸素に関する考察をさらに推し進め、生命のみならず物理－化学的システムにおける多様性の促進、気候学的サイクルや地球の物理的進化について、それらの化合物が持つ卓越した性質を、ギブズの物理－化学的システムの概念に準拠して一般化することを試みた。その成果は1917年の『自然の秩序(*The Order of Nature*)』に結実する。[21]

　地球が高温の溶解状態にあったとき、それは単一の相からなるシステムであったと見なすことができる。だがその後、地球は数え切れないほどの相や濃度、活動における変化を経験しながら進化(すなわちシステムの多様性の増大)を遂げ、高度に安定した状態を達成した。地球上の進化の主な過程は地殻の形成時にその表面で生じたが、その際、化学的活動がより盛んな、相対的に原子量の小さな物質が地表面に移動した。[22]

　これらの要素の中でもとりわけ水素、炭素、酸素は、様々な化合物を生み出す化学反応を可能とする物質であり、構成要素たる物質の相や濃度、運動によって大きく変化するシステムの活動にうまく適合する。その結果生まれた環境は、それが生命体であるなしを問わず、あらゆるものにとって最適の

環境を構成する。[23]

　以上のように水素、酸素、炭素およびその化合物が、とりわけ物理-化学システムの安定条件である相(phase)の多様化に有利な特性を備えていることを論じたあと、ヘンダーソンは、それではなぜそれらの物質は物理-化学的システムの進化に有利な特性を備えているのかという問いを立てる。そして、ここでもまた彼は目的論を持ち出してくる。すなわち宇宙は根源的に進化に対する適合生を有しており、われわれが目にする自然の目的論的様相は、すべてこの宇宙が有する性質の顕現であると理解されるというのである。[24]

　このことに関しヘンダーソンは、現段階で目的という形而上学的な観念に頼らざるをえないのは、我々の思考が自然のフロンティアに達した証拠であり、現存する自然の秩序の起源は「恐らく物理科学の一般法則がそのような秩序を産み出すために、物質とエネルギーの属性にいかに作用するかということが、徐々に発見されることによって明らかにされる」と確信していた。[25]

3.4　生化学者から生理学者へ

　有機体と環境との相互適合性についての関心は、彼に有機体の性質に関する一層の関心を呼び起こした。1913年から1915年まで、ヘンダーソンはウォルター・パルマー（Walter Palmer : 1882-1950）と共同でアシドーシスの研究に従事する。彼はこの研究のために、生物学とその方法に関する膨大な文献を渉猟したが、その結果、生理学の問題領域に深く踏込み、みずからを生化学者ではなく、生理学者として意識するようになった。[26]この研究から彼らは① 様々な病理状態、とりわけ心臓病と腎炎にアシドーシスが頻発することに注意を喚起し、② 酸中毒は必ずしも尿中のアセト酢酸・βヒドロキシン酪酸と関係しないことを明らかにし、さらに③ アシドーシスを「血液中の二酸化炭素濃の低下」として定義するといった貢献を行った。[27]

　第一次大戦中、リチャーズの研究室に製パン所が設置されるにあたり、パン製造の物理-化学的研究に従事するという脇道にそれたあと、1919年、ヘンダーソンは血液の生理学的研究を開始した。この年、彼は教授に昇進し、ハーバード大学医学部の新しい部門として設置された物理化学研究部の指導者となった。これは前年ジョンズ・ホプキンス大学からの招聘に対し、ヘン

ダーソンをハーバードに留めておくために学部長のデービッド・リン・エドソール (David Linn Edsall : 1890-1973) が取った措置であった[28]。しかし研究所が開設されてもヘンダーソンはその運営を弟子のエドウィン・ジョーゼフ・コーン (Edwin Joseph Chon : 1892-1953) にまかせ、自分はアーリー・ボック (Arlie Bock) のいるマサチューセッツ総合病院の医学研究所で血液の共同研究を始めた。

3.5 血液の研究

この研究は次のような経過を経て開始された。1904年、C.ボーア (C.Bohr)、K.A.ハッセルバルヒ (K.A.Hasselbalch)、A.クローグ (A.Krogh) らは、ヘモグロビンの酸化が血液中の二酸化炭素の圧力と逆比例的に変化することを明らかにした。それは組織において二酸化炭素の圧力が強ければ、酸化ヘモグロビンは酸素を放出し、逆に肺において二酸化炭素が放出されると、ヘモグロビンが酸素を取り込むことを意味していた。そこからヘンダーソンは、もし二酸化炭素が酸素の分離曲線に影響を与えるなら、逆に酸素は二酸化炭素の分離曲線に影響を与えるはずであるという仮説を立てた。だが彼はその仮説を検証することができず、諦めてしまった。ところが1914年、J.クリスティアンセン (J.Christiansen)、C.G.ダグラス (C.G.Douglas)、J.S.ホールデンのグループが、酸素が二酸化炭素と血液の均衡に影響を与えることを示す実験結果を発表した。

当時、身体機能の高度な相互依存性という観念に深く捉えられていたヘンダーソンは、1919年、A.ボック、デービッド B.ディル (David B.Dill : 1891-1986) らと血液の生理学的研究を開始する。血液を構成するあらゆる変数の変化は、他の総ての変数の変化なしには起りえない。このような確信に導かれた彼らの研究テーマは、当然のことながら「血液を構成する諸要素の相互作用」であった。まず彼らは入手可能なデータを利用して二酸化炭素、酸素、還元ヘモグロビン、酸化ヘモグロビンという四つの変数の均衡条件を記述する方程式を導くことから始め、次第に変数の数を増やして行った[29]。

ところが、それらの変数間の関係を明らかにしたものの、今度はそれらの相互関係をどのように記述するかという問題が生じた。最終的に選ばれた七

つの変数を記述する七つの方程式をどのように記述すればよいのか。この問題をめぐってヘンダーソンはさまざまな試行錯誤を繰り返すが、ある日、デカルト座標に表現されたノモグラム（計算図表）がすべての変数間の関係をいちどきに表示することに気がついた。ヘンダーソンは歓喜し、さっそくこのノモグラムを1920年、パリで開かれた生理学会で発表した。

さらに彼は7つの方程式をひとつの座標に組込んだグラフを見やすくするため、1921-22年、交換教授としてソルボンヌ大学に滞在中、そのグラフを共線図表に変換する方法を考案したモーリス・ドカーニュ（Maurice d'Ocagne : 1862-1938）本人に学び、相互に影響しあう血液の構成要素を図式的かつ数量的に呈示する計算図表チャートを完成した。それは単に変数の値を計算することに役立つのみならず、それらすべての変数のシステムを全体として視覚的に把握する画期的な方法であった。

彼はノモグラムこそ「血液の法則」を表示すると主張し、それがあらゆる複合的なシステムの記述のモデルとなることを望んだ。だがヘンダーソンの期待とは裏腹に、ノモグラムは普及しなかった。血液の研究は1930年まで続いたが、その研究成果は1927年にエール大学で行われたシリマン・レクチャー（Silliman Lectures）での講義をまとめた『血液：一般生理学における研究（*Blood: A Study in General Physiology*, 1928）』に集大成された。この書物は現在でも血液の研究に関する古典として評価されている。

3.6 疲労研究所の開設

1926年、ヘンダーソンは「環境における個人の一般化された科学的記述」である人間生物学の研究を推進する研究所を構想し、その設立に尽力した。[30] この疲労研究所は人間の疲労についての生理学的な研究をめざすものであったが、そこには人間の内的、生理学的環境のみならず、人間をとり囲む社会－経済的環境への深い関心が存在していた。つまり従来、疲労という言葉で一括されていた、多様な生理学的均衡の崩壊を厳密に定義分類し、かつそれらの諸状態を身体の生理的変化（血液、尿、唾液、糞便、肝臓および腎臓機能等における変化）によって記述するだけでなく、それらの状態を引き起こす因子として、物理的な作業環境から作業主体の性、年齢、適性、経験、熟[31]

練度、作業意欲、作業強度といった生物的・心理的要因、さらには上司、同僚、部下などとの人間関係および賃金や福利厚生といった社会－経済的要因にいたるさまざまな次元の変数を射程に組み込み、それらの変数と疲労、すなわち身体の多様な生理的変化との関係を、体系的に把握しようとしたのである。

　この研究方針自体、彼のシステム的アプローチを典型的に示す事例であるが、我々の関心からすれば、この研究所の創設が疲労に関する生理学的関心のみならず、社会学的関心に導かれて設立されたという事実に注目すべきである。1935年に書かれたハーバード大学の校友会会報に、この研究所を設立した目的が掲載されているが、そこにはこの研究所の創設が①生理学的[32] ②応用生理学的 ③社会学的な関心に由来することが明記されている[33]。

　研究所の創設に先立ち、ヘンダーソンは約二年間、ロックフェラー財団より財政的支援を受け、エルトン・ジョージ・メーヨー（Elton George Mayo: 1880-1949）とともにビジネス・スクールで産業労働者の心理学的問題に関する共同研究を行った[34]。メーヨーの誠実な人柄と深い学識は、ヘンダーソンの好奇心を刺激し、彼らはすぐに親密になり、共同で疲労研究所に関する全体の計画を構想した[35]。

　この研究所がビジネス・スクールに設置されるにあたっては、1919年から学部長を努めていたウォーレスB. ドーナム（Wallace B. Donham : 1877-1954）が深く関与した。もともとドーナムはヘンダーソンのカレッジでの同級生であったが、1922年ころヘンダーソンと親しくなり、それ以来、しばしば学部長としてビジネス・スクールが抱えている問題をヘンダーソンと語りあうようになった。そしてそのなかで彼は、科学と技術が急速に発達しつつある世界では、人間関係に関する諸問題が重要になるであろうことをヘンダーソンに説明し、これを納得させた[36]。このようなメーヨーおよびドーナムとの知的、社会的交流によって、ヘンダーソンは徐々に社会問題に対する関心を高めていった。

4 社会科学への関心

　疲労の研究に象徴されるように、1920年代に入りヘンダーソンは急速に社会問題に関心を深めてゆく。まず1914年に勃発した第一次世界大戦は、知的にもまた感情的にもヘンダーソンを釘付けにし、生理学の研究を実質的に中断させてしまうほどであった。[37] しかし大戦が終結してもその余震は容易には収まらず、世相は依然、混沌としていた。このような当時の社会的混乱は、ヘンダーソンに人間社会の問題にかかわる長期の予測は不可能であるとの印象を与え、人間行為がいかに感情や信条によって左右されるものであるかを理解させた。[38]

4.1　パレートとの出会い

　このような時期に彼はパレートの著書に出会った。そしてそれが彼をして周囲の反対を押切ってまで、社会学の研究に没頭させるようになった直接の原因となった。彼にパレートの『一般社会学大綱（*Trattato di Sociologia Generare*, 1916）』を読むように勧めたのは同僚の昆虫学者ウィリアム・モートン・ウィーラー（William Morton Wheeler : 1865-1937）である。ウィーラーの熱心な勧めにもかかわらず、当初ヘンダーソンは、「パレートだろうが誰だろうが、社会システムについて書いたものを読む気はしない」といって、読むことを渋っていた。[39] というのも、彼は原則的に社会関係についての科学は成立しないと考えていたからである。[40] ところが1926年、これを一読するや、たちまち彼はパレートに魅了され、ハーバードでパレートを布教する熱心な伝道者となった。

　パレート自身、大学で数学を専攻し、剛体の弾性に関する力学的均衡を扱った論文で博士号を取得後、技師、経営者として実業界で活躍し、さらに経済学者および社会学者へと転身するなかで、自然科学的概念を社会科学に移植し成功を収めた人物である。わけても『一般社会学大綱』は、物理学、化学、天文学、生物学といった自然科学において有効であることが証明されている方法を社会諸科学に適用するという明確な意図に基づいて執筆された書物であった。[41]

それは社会を、性質を異にする多種多様な要素によって構成されるシステムとして概念化し[42]、それらの変数間の相互依存関係を経済システムの場合と同じように数学的に処理しようとする壮大な企てであった。結果的にパレートは、これらの諸変数間の等質性と依存関係を把握することができず、社会システムの均衡理論を構築することに失敗してしまった。だがこの企てと、そこで用いられた社会システムの概念はヘンダーソンを魅了した。というのも多元要因論の立場から対象をシステムとして概念化し、その構成要素間の相互依存性を数学的に定式化しようとする手法は、まさにヘンダーソンが生涯を通じて準拠しつづけた分析方法であったからである。ヘンダーソンにとってパレートは、システムや均衡、相互依存といった概念や分析ツールが、他の異なる領域にも応用可能であることを示す格好の事例であった。パレートはヘンダーソンと同じ言葉で社会を語った[43]。

4.2 社会学の構想

パレートに魅了されたヘンダーソンは、1932年頃までに総ての生理学の研究を止めてしまい、社会学に没頭するようになった[44]。1930年には、カルフォルニア大学バークレー校でパレート社会学のセミナーを開催し、1932年の秋からは「パレートと科学的研究」と題し、ハーバード大学の社会学部でパレートに関するゼミナールを開始した。このゼミナールは単なる私的な研究会に過ぎなかったが、歴史学者のクレイン・ブリントン (Crane Brinton: 1898-1968)、著述家・編集者のバーナード・オーガスティン・デ・ボート (Bernard Augustin DeVoto: 1897-1955)、経済学者のJ.A.シュンペーター、社会学者のT.パーソンズ、特別研究員のR.K.マートンや大学院生のG.C.ホーマンズ、人類学者のクライド・クラックホーン (Clyde Kluckhohn: 1905-1960)、心理学者のH.A.マーレーなどそうそうたるメンバーを集めて行われた[45]。

そしてゼミナールが終了した翌年の1935年には、パレートの入門書である『パレートの一般社会学 (Pareto's General Sociology: A Physiologist's Interpretation)』を著わした。さらに同年ヘンダーソンは Saturday Review of Literature および Journal of Social Philosophy 誌を舞台として繰り広げられた

パレートを巡る激しい論争に身を投じ、それを境に単なるパレートの伝道者から、パレートの批判者と激しくわたりあう論客へと転じていった。そしてパレートの著書と出会って以来、約10年に及ぶ社会学への取り組みの後、1937年から、いよいよパレートの諸概念を基礎としたヘンダーソン自身の社会学を構想し、これをハーバード・カレッジで行われた『入門講義社会学23 (Introductory Lecture in Sociology 23)』という実験的な講義において体系的に提示した。それは1942年ヘンダーソンが生涯を閉じるまで続けられた。

以上、ヘンダーソンの生い立ちから生化学者および生理学者としての生涯、そして社会学への転身までを、方法論に留意しながら描いてみた。皮肉なことに、彼がその後の社会学を担った若手の研究者たちに残した最大の遺産は、パレートそのものではなくシステム、均衡、相互依存、概念図式といった諸概念であった。しかし、パレートを読んで自然科学の概念と方法を社会科学に移植できると確信し、社会学に参入したことを考えれば彼の本来の目的はおおむね達成されたといえるかもしれない。

【注】

(1) この点に関してパーソンズは次のように述べている。「パレートの解釈者としてそして彼自身の権利において、ヘンダーソンはシステム概念と、その科学への重要性に関してもっとも重要な影響を及ぼした。まったくテクニカルな意味で、私の社会システム概念が最初に結晶化したのは、ヘンダーソン－パレートの影響によってである」。("An Approach to Psychological Theory in terms of The Theory of Action.",1959. Koch Sigmund (ed), *Psychology*, p.625.)

(2) アメリカで最初にパレートが体系的に取り上げられたのはソローキンの *Contemporary Sociological Theories*, 1928 においてであった。しかしその好意的なレビューにもかかわらず、パレートの著作は 1935 年に *The Mind and Society* と題された『一般社会学大綱』の英訳が出るまではほとんど注目されなかった。(Russett, Cynthia Eagle, 1966, *The Concept of Equilibrium in American Social*

Thought, New Haven : York University Press, p.111.）
(3) この作業を遂行するにあたって、本書では自伝的アプローチを採る。その理由は社会学に携わる人々にとってヘンダーソンはなじみが薄く、従ってその自伝的記述は、それ自体学史的な意義を持つと考えられるからである。
(4) 八杉龍一, 1984,『生物学の歴史（下）』NHK ブックス, p.88.
(5) Parascandola, John L., 1971,"Organismic and Holistic Concepts in the Thought of L.J.Henderson," *Journal of History of Biology,* vol.4, No.1, Spring, p.77, 86.
(6) 八杉龍一, 前掲書, pp.167-8.
(7) 八杉龍一, 同上書, p.167. Parascandola, John L., *op.cit.,* pp. 65 - 6.
(8) Russett, Cynthia Eagle, 1966, *op.cit.,* p.112.
(9) *Ibid.,* p.18.
(10) *Ibid.,* pp.112-3.
(11) A. コントや H. スペンサーによる科学の階統性や、物理の法則から他の諸科学の法則を引き出そうとする極端な物理学還元主義は、このような気運を象徴するものに他ならない。(*Ibid.*, pp.24-5.)
(12) *Ibid.,* p.20,113.
(13) Parascandola, 1971, *op.cit.,* p.84.
(14) ヘンダーソンにおいてどちらのタイプのシステム概念が優勢であるかを断言することは容易でない。しかしその厳密な定式化のゆえに、モデルとしては物理学的システムを好んだということは言えそうである。
(15) またヘンダーソンは 1910 年に、T. リチャーズの妻の妹エディス・ローレンス・セイヤー（Edith Lawrence Thayor）と結婚するなど、公私にわたりリチャーズから大きな影響を受けた。
(16) ヘンダーソン以前では、1905 年にマサチューセッツ工科大学で行われたのが最初であるという。(Horvath, Steven M and Horvath, Elizabeth C., 1973, *The Harvard Fatigue Laboratory; Its History and Contribution,* Prentice-Hall, p.8.)
(17) Henderson L.J., *Memories*, unpublished autobiographical manuscript in period 1936 -9, p.84. (quoted in Parascandola John L.,1968, "Lawrence J. Henderson and Concept of Organized System.", unpublished dissertation., University of Wisconsin, Madison.) 吉原正彦, 1976,「L.J. ヘンダーソン研究序説——ハーバードにおける活動の軌跡」『千葉商大論叢』, 第 14 巻第 3 号, p.243.
(18) ヘンダーソンは、燐酸塩の水溶液における均衡の研究から次の公式を導き出した。「$H^+ = (acid)／(Salt) \times K$」。これは酸または塩基度の変化に抵抗する緩衝液の作用を量的に記述した公式であり、なぜ弱い酸と塩基の組み合わせが水素イオン濃度の緩衝物として効果的に作用するのかを説明したものであった。しかし血液や原形質はこれと異なったシステムであり、燐酸塩の水

溶液と単純に比較することができない。そこでヘンダーソンは、いくつかの原形質の構成要素を含む人工的な緩衝システムに関心を向け、重炭酸塩と一水素燐酸塩または二水素燐酸塩の水溶液と触れ合うガス状の二酸化炭素のシステムから成るシステムの特性を研究した。そしてそこから得られた成果に基づき1908年、生命体の異なった緩衝系についての理論的考察を公表した。(Lawrence Joseph Henderson, 1908, "Concerning the Relationship between the Strength of Acid and Their Capacity to Preserve Neutrality.", *American Journal of Physiology*, pp.173–9. Lawrence Joseph Henderson and O.F.Black, "A Study of The Equilibrium between Carbonic Acid, Sodium Bicarbonate, Mono-sodium Phosphate and Di-sodium Phosphate at Body Temperature.",1908, *American Journal of Physiology*, 21, pp.420–6. < quoted in Parascandora, John L., 1971,*op. cit.*,p.69. >).

(19)　後にハッセルバルヒは、ヘンダーソンの式を生化学の分野に応用し、重炭酸塩系の緩衝作用を初めて数学的に定式化した。この公式は「ヘンダーソン＝ハッセルバルヒの式」として有名である。

$$pH = PKA + \log \frac{[HCO_3^-]（重炭酸イオン）}{[H_2CO_3]（溶存する炭酸ガス量）}$$

この式は、血液中のpHが重炭酸イオンと炭酸の比率にかかっていることを示している。炭酸は内呼吸によって排出される二酸化炭素が、カルボニックアンヒドラーゼという酵素の作用で水と結合してできる。(この酵素は肺では逆に炭酸から水を取り二酸化炭素にして排出させる。これを呼吸酸と呼ぶが、その量は1日330リットルにも及ぶ。これが血液中に滞留すると炭酸の濃度が上昇し、相対的に重炭酸イオンの量が減少するので血液のpHの値が下降する。つまり酸性に傾く。ところが血液中の炭酸の濃度が上昇すると、延髄の呼吸中枢が敏感に反応し、呼吸運動を促進して肺から二酸化炭素を排出し、炭酸の濃度を低下させる。その結果、血液は絶えざる呼吸酸の流入にもかかわらず、弱アルカリ性を維持する。ちなみに、新陳代謝によって生じ、血液中に放出された不揮発性の酸（代謝酸＝乳酸、燐酸、ケト酸など）の影響は、腎臓からの水素イオンの排出と重炭酸イオンの再吸収メカニズムによって調整される。(広重力・加藤正道,1982,『小生理学』南山堂.)

(20)　Russet, 1966, *op. cit.,* pp.74–5.
(21)　Cannon, Walter Bradford, 1945, "Biographical Memoir of Lawrence Joseph Henderson": 1878–1942.vol.23.in *National Academy of Sciences, Biographical Memoirs*. Washington: The Academy, 1945, pp.38–9.
(22)　*Ibid.*, p.39.

(23) *Ibid.,* p.40.
(24) *Ibid.,* pp.40-1.
(25) *Ibid.,* p.39. 後にヘンダーソンはパレートを読み、さらに論理実証主義の思想に触れることによって、形而上学にいっそう批判的となり、この頃の目的論や生気論に関する哲学的言及を後悔し、これらの彼の試みは無意味であると考えるようになった。(Parascandola, 1971,*op. cit.,* p.107.) しかし現在、さまざまな領域で注目を集めている「オートポイエーシス」概念を提唱した H.R. マトゥラーナと F.J. ヴァレラが、オートポイエーシス論を展開するにあたり、ヘンダーソンの『環境への適合』の引用から執筆を開始しているのはきわめて興味深い。(MATURANA H.R. & VARELA F.J., 1980. *The Realization and Cognition: The Realization of the Living.* 河本英夫訳 ,1991,『オートポイエーシス——生命とはなにか』国文社 ,p.64.)
(26) Henderson, L.J., *memories,* pp.135-6.(quoted in Parascandola, 1971, *op. cit.,* pp.82-3.)
(27) Russet, 1966, *op. cit.,* pp.83-4.
(28) Horvath, Steven M and Horvath, Elizabeth C., 1973, *op. cit.,* p.9.
(29) Henderson, Lawrence Joseph, 1920,"The Equilibrium between oxygen and Carbonic Acid in Blood.", *Journal of Biological Chemistry.*, No.41.
(30) Dill, David B., 1967, "The Harvard Fatigue Laboratory: its Development, Contributions and Demise," *Supplement I*, vol. XX and XX, March, I-161.
(31) 茂呂森一 , 1967,『経営における人間の研究』税務経理協会 , p.93.
(32) ディルによれば、この記事は署名こそないものの大部分ヘンダーソンによって書かれたものとされている。(Dill, *op. cit.,* 1967, I-163.)
(33) *Harvard Alumni Bulletin,* Harvard Bulletin Inc.,p.37.(quoted in Dill, *Ibid.,* I-163-4.)
(34) *The Rockefeller Foundation Annual Report,* 1937, p. 167.(quoted in S. M. Horvath & E.C.Horvath, 1973, *op. cit.,* p.21.)
(35) Dill, *op. cit.,* I-163-4.
(36) 吉原正彦 , 1976, 前掲論文 , p.249.
(37) Henderson L.J., *Memories,* pp.243-4.(quoted in Parascandola, 1971, *op. cit.,* p.89.)
(38) 吉原正彦 ,1976, 前掲論文 , pp.246-7.
(39) Wolf W. B.,"Conversations with Chester l. Bernard.", *ILR Paperback,* No.12. Cornell University.(飯野春樹訳 1973,「回想のバーナード II」『関西大学商学論集』第 18 巻第 2 号 , p.79.)
(40) Parascandola, 1971, *op. cit.,* p.103.
(41) Freund, 1974, *op. cit.,* 前掲訳書 , p.47.

(42) Pareto,1916, *op. cit.,* 前掲訳書, p.4.
(43) Russet, 1966, *op. cit.,* p.118. Lawrence Joseph Henderson, *Pareto's General Sociology: Physiologist's Interpretation,* Cambridge, Mass : Harvard university Press,1937.（組織行動研究会訳, 1975,『組織行動の基礎──パレートの一般社会学』東洋書店, pp.42-58.）
(44) Parascandola, 1971, *op. cit.,* p.107.
(45) Heyl, Barbara S., 1968, "The Harvard Pareto Circle.", *Journal of History Behavioral Sciences,* vol. IV, Oct., p.318.

付表　ヘンダーソン年表

1878	船舶雑貨商ジョージェフ・ヘンダーソン（Joseph Henderson）とメアリー・リード（Mary Reed）の長男として、マサチューセッツ州の港町リン（Lynn）に生まれる。
1894	ハーバード・カレッジに入学、1914年、アメリカで初のノーベル化学賞を受賞したT.リチャーズ（Theodora W. Richards）の指導を受けて化学に関心を持つ。
1898	ハーバード・カレッジを2番（magna cumlaude）で卒業し、メディカル・スクールに入学。結局、医師にはならなかったが、そこで受けた教育は、有機体、身体、疾病などに関するヘンダーソンの理解を大いに深めさせた。
1902	メディカル・スクールを優等の下位（cumlaude）で卒業、ストラスブール大学のホフマイスター研究室へ留学。そこで生涯続けることになったヘモグロビンの研究を開始する。
1904	ストラスブール大学での化学の研究を終えてハーバード大学へ戻り、リチャーズの研究室で「分子構造に対する燃焼熱」の研究を始める。メディカル・スクールの生化学の非常勤講師となる。
1905	講師に昇格し、カレッジとメディカル・スクールで生化学を教える。
1906	この頃再び「血液と体液における酸-塩基の均衡」に関心を抱き研究を再開する。

1908	ヘンダーソンの生化学における、最初の注目すべき業績である「動物有機体における酸-塩基均衡の数学的定式化」に成功する。またこの頃から J. ロイス（Josiah Royce）の哲学のセミナーに定期的に出席し始める。
1910	助教授に昇進。リチャーズの義妹にあたる E.L. セイヤー（Edith Lawrence Thayor）と結婚。
1911	カレッジで科学史の講義を始める。
1913	J. ロイスとともに、科学史と哲学を討議するためのクラブ（The New Club）を創る。この中に、後、ヘンダーソンにパレートの講読を勧めた E.M. ウィーラー（William M. Wheeler）がいた。
1913	1915 年までマサチューセッツ総合病院の研究員であった W. パルマー（Walter W. Palmer）とアシドーシスに関する共同研究を行う。
1916	マサチューセッツ総合病院で腎臓病の臨床的研究に従事。
1917	『自然の秩序』（*The Order of Nature: An Essay.*）を出版。第一次大戦へのアメリカ参戦に伴い、リチャーズの研究室に製パン所が設置され、パン製造の物理化学的研究に従事する。
1919	血液についての生理学的研究を開始する。教授に昇進。
1920	メディカル・スクールに物理化学研究部門が創設され、その指導者となる。だがヘンダーソンはその運営を弟子の E.J. コーン（Edwin J. Chon）に委ね、自分はマサチューセッツ総合病院の医学研究所で A. ボック（Arlie Bock）と血液に関する共同研究を始める。パリで開かれた生理学会で、血液を構成する要素間の関係を表示するノモグラム（計算図表）を発表する。
1921	交換教授としてフランスへ渡り、そこで初めて生理学者の観点から見た血液に関する研究の要約を発表する。滞在中、数学者 M. ドカーニュ（Maurice d'Ocagne）に共線図法を学ぶ。
1924	科学史学会を創設し、初代会長となる（1925 年まで）。
1926	ハーバード・ビジネス・スクールの疲労研究所（後の産業生理学研究所）の設立に尽力する。同僚の W.M. ウィーラーに V. パレートの『一般社会学大綱』（*Trattato di Sociologica Generale.*）を読むように勧められる。読了後に大いに共感する。
1927	クロード・ベルナール『実験医学序説』(Claude Bernard, 1886, *Introduction a L'Etude de la Medecine Experimentale.*) の英訳版（trans. by Green）に序文を寄せる。疲労研究所設立。ハーバード・ビジネス・スクールの管理練（モルガン・ホール）にオフィスを構える（1942 年まで）。
1930	カリフォルニア大学バークレー校でパレート社会学のセミナーを開催（1931 年まで）。

1932	ハーバード大学でパレート社会学のセミナーを開催。このセミナーには社会学部の講師であったT. パーソンズ（Talcott Parsons）、特別研究員であったR.K. マートン（Robert K. Merton）、大学院生であったG.C. ホーマンズ（George C. Homans）らが参加した。ハーバード大学より名誉理学博士号が授与される。
1933	ハーバード大学ソサイアティ・オブ・フェロウズの初代議長となる。
1934	アボット・ジェームス・ローレンス化学教授となる。ケンブリッジ大学から名誉理学博士号が授与される。
1935	『パレートの一般社会学』(*Pareto's General Sociology: A Physiologist's Interpretation.*)を著す。"Physician and Patient as a Social System." *New England Journal of Medicine*, vol.212.
1935.5	*Saturday Review of Literature* 誌上での、B. クローチエ（Benedetto Croce: 1866-1952）によるパレート社会学批判。
1935.10	*Journal of Social Philosophy* 誌上でのパレート社会学についてのシンポジウム ― パレートとヘンダーソンに対する批判 ―
1936.1	*Journal of Social Philosophy* 誌上で反論。T. パーソンズとともに『社会的行為の構造』の草稿を読み、パレートに関する記述を検討する。
1937	ハーバード・カレッジで Introductory Lectures in Sociology23（「入門講義社会学23」）を開講。講義のティーチング・アシスタントを努めたのはG.C. ホーマンズであった。
1941	ペンシルベニア大学より名誉法学博士号を授与される。『具体社会学入門』(*Introductory Lectures in Concrete Sociology.*) 出版をめざして終章を脱稿。
1942.2.10	マサチューセッツ総合病院にて死亡。享年63歳。

* この年表は Barber, Bernard, 1975, *op.cit*. Brinton, Crane (ed.),1959, *The Society of Fellows*, Cambridge, Mass, Harvard University Press. Cannon, Walter Bradford,1945, "Biographical Memoir of Lawrence Joseph Henderson: 1878-1942.", vol.23. pp.31-58, in *National Academy of Sciences, Biographical Memoirs*, Washington: The Academy. Edsall, John Tileston., 1988, "Henderson, Lawrence Joseph.", *Dictionary of American Biography* (Supple.3), American Council of Learned Societies, Collier Macmillan Canada, Inc. Heyl, Barbara S., 1968, *op.cit*. Homans, George Caspar, 1968, "Henderson L.J.", in D.L. Sills (ed.), *International Encyclopedia of Social Sciences*. New York, Macmillan, vol.VI, pp.350-1. Horvath, Steven M. and Horvath Elizabeth C.,1968, *op cit*. Jean, Mayer, "Lawrence J. Henderson ― A Biographical Sketch." *Journal of Nutrition.*, vol.94, No.1 (January, 1968) Memorial minute by Crane Brinton, Ferry Edwin Bidwell, Wilson and Arlie V. Bock in *Harvard University Gazette*, May 16, 1942. *Obituary, Science*, vol.95, No.2460, Friday,

February 20, 1942. Parascandola, John L., 1968, "Lawrence Henderson and the Concept of Organized System.", *Unpublished Dissertation*. University of Wisconsin, Madison. Parsons, Talcott, *The Structure of Social Action: A Study in Social Theory with Special Reference to a Group of Recent European Writers*, New York: McGraw-Hill. Parsons, Talcott, 1977, *Social Systems and the Evolution of Action Theory*, The Free Press. Ronald M.Ferry,1942, "Lawrence Joseph Henderson 1878-1942,"*Science*, vol.95, No.246. 佐々木恒夫,1973,前掲論文.吉原正彦,1976,前掲論文に基づき筆者が作成した。

3章 社会学者としての L.J. ヘンダーソン

1 パレートの紹介と論争

　1928年、アメリカにはじめてパレートの社会学理論を紹介したのはピティリム・ソローキン (Pitirim Sorokin: 1889-1968) であった[1]。しかし彼の好意的な紹介にもかかわらず、パレートの理論は1935年に主著『一般社会学大綱』が英訳されるまで、ほとんど一般の関心を引くことはなかった[2]。だがこの翻訳と相前後して徐々にパレートに対する関心が高まってゆき、とりわけハーバードでは熱狂的なパレート崇拝が生じた。そしてこのパレート崇拝を生じさせた中心人物こそL.J.ヘンダーソンその人であった。

　ヘンダーソンは1930年にカリフォルニア大学バークレー校で初めてパレートに関するセミナーを開催したのを皮切りに、以後、講義や研究会、著書と論文、同僚や後輩、弟子たちとの私的な接触、ソサイアティ・オブ・フェロウズのような教育機関など、さまざまな回路を通してパレート社会学の啓蒙に努めた。なかでも1932年からハーバード大学でT.パーソンズ、R.K.マートン、G.C.ホーマンズなど次世代の社会学を担う人々を集めて開催されたパレートセミナーとT.パーソンズとの『社会的行為の構造』の草稿をめぐる私的接触は、機能主義社会学へのパレートの影響を考える場合、特に重要である。

　20世紀の代表的なグランド・セオリストの一人として、パレートは研究者のパースペクティブにより多様な姿を呈示する[3]。社会学者としてのパレートの業績がほとんど知られていなかったアメリカにおいて、ヘンダーソンの解釈はそれ以後アメリカで語られるパレート像の原型を、すなわち社会システム論者としてのパレート像を創り出した。とりわけその解釈はT.パーソンズによって継受され、彼によって新たにアクション・セオリストとしての

イメージを加えられ、今日に至っている。

1.1 ハーバード・パレート・サークル

著名な生化学者であり、かつハーバード大学の最高実力者のひとりとしての権威を背景にした彼の熱心な啓蒙は、ハーバードの研究者たちにパレート熱を生じさせた。C.ブリントンはその様子を次のように述べている。

30年代のハーバードにはヘンダーソンに率いられた、大学内の共産主義者およびその同調者、さらには穏健なアメリカ流の自由主義者までもがパレート崇拝と呼んだものが確かに存在していた。パレートに対するお気にいりの中傷句は……『ブルジョアジーのカール・マルクス』であった。パレート崇拝は教授たちの大多数に影響を与えたわけではなかったが、それはかなり広範な反響を呼び起こした。(4)

アメリカにおけるパレートの啓蒙に関し、いかにヘンダーソンが重要な役割を担っていたかということは、彼の死とともに急速にパレート熱が終息していったことが象徴的に示している。だが、この時期ハーバードでパレートが熱烈に歓迎されたのは、ひとえにヘンダーソンの啓蒙活動に帰せられるわけではない。そこにはまたパレートの受容に有利な社会状況が存在していた。

宗教社会学者によれば、一般にひとつの社会体制が崩壊し、しかも次の世はなお混沌としている混乱の時代には、宇宙の森羅万象に唯一の絶対的神のもと、統一したイメージなり意味なりを与える創唱宗教が流行するという。(5) 宗教と社会思想を同一視するわけにはゆかないが、バーバラ・S.ヘイル (Barbara S. Heyl) によれば、当時、第一次世界大戦後の混沌とした世界にあっては、世界を統一的に説明し方向づける壮大な歴史的理論が求められ、それを満たすものとしてマルクスの唯物史観が流行していた。(6)

アメリカにはドイツ系の移民によってマルクス主義が持込まれ、(7) その強い影響の下に第1インター北米支部として「北米社会主義労働党」や、そこから分離独立した「国際労働者党」が結成されたが、双方ともさほど党勢を拡大することなく19世紀末には穏健なリベラルへと姿を変えていった。しかし

1901年に結成された「アメリカ社会党(Socialist Party of America)」は、これらのリベラルズを吸収して急速に勢力を拡大し、1912年には党員14万人を数え、90万票を獲得し、下院議員1名、地方議員1,039名を擁するアメリカ史上最大の左翼勢力へと成長した。[8]ところが1914年の第一次世界大戦の勃発と1917年のアメリカ参戦は国民の間に熱狂的なナショナリズムを高揚させ、反戦平和を唱える社会党への激しい弾圧を生じさせた。

1919年、社会党は左右に分裂し、しかも同年左派が結成した「アメリカ共産党(Communist Party of America)」は即座に弾圧され、実質上「地下組織」へと転落した。おりからアメリカは経済の大繁栄期、いわゆる「黄金の20年代」を迎え、失業者、労働争議は激減し、これにヨーロッパでの左翼運動の退潮が追い風となって社会・共産主義活動は著しく衰退していった。[9]ところが1929年10月24日の株の大暴落から始まった世界恐慌は、再び高い失業率と労働争議の頻発をもたらした。1932年には1,250万人に及ぶ失業者が街に溢れ、1937年にはアメリカ史上最多の労働争議件数を記録する。[10]ここにおいて以前と較べれば比較的穏健なかたちではあるが、左翼運動は息を吹きかえし、1912年に匹敵する勢いを取り戻した。ヘンダーソンがパレートの啓蒙に努めていた1930年代は、こうした左翼運動が最も活発であった「赤い10年」と呼ばれた時期であった。[11]

このような左翼運動のうねりは、当然1930年代のハーバードにも押し寄せた。相対的に保守的なメンバーの多かったヘンダーソン・グループも、しばしばこれら大学内の共産主義者やその同調者の攻撃に悩まされた。ブリントンによれば、政治的には極端に保守的であったヘンダーソンは「これらのリベラルズとの戦いにおいて、彼の人間の善良さに対する、そして確固たる偉大なアメリカ民主主義の伝統に対する彼の信念に疑いを抱かせるようなパレート的、マキャベリー的な言葉を使った」という。「もちろんリベラルズは『ファシスト』というお気に入りの言葉で応戦した」。[12]パレートが熱烈に受けいれられた文脈はここにある。因果的多元論によって一元的な唯物史観を、社会全体としての富の増大による貧困層の相対的な所得増大によって絶対的貧窮化の理論を、社会的異質性とエリートの周流でもって階級闘争を相対化するパレートは、マルクスに対する解毒剤として広く人気を集めた。ヘンダー

ソンの影響を最も強く受けたG.C.ホーマンズは、自伝においてその心理的いきさつを次のように述べている。

私はパレートが好きになった。というのも彼は私がすでに信じる準備をしていたものを明らかにしてくれたからである。……比較的富裕な自分の家族を肯定する共和主義者のボストニアンとして、私は30年代を通して個人的な攻撃に、とりわけマルクス主義者の攻撃にさらされていると感じていた。私はパレートを信じる準備ができていた。なぜなら彼は私を護るすべを与えてくれたからである。[13]

1.2 パレート論争

　以上のように1930年代のハーバードではパレートが流行し、ヘンダーソンを中心とするサークルではパレートをめぐる言説が飛び交った。しかしこのサークルを一歩外に出れば、彼ときわめて親しい関係にある人々を除き、パレートに対する評価は芳しいものではなかった。
　まず1935年5月25日付けの *Saturday Review of Literature* でパレートに関する特集が組まれたが[14]、執筆者のひとりであるイタリアの哲学者ベネデッド・クローチェ（Benedetto Croce：1866-1952）は「パレート理論の妥当性（The validity of Pareto's Theories.）」と題する論文でパレートの方法論および理論を徹底して批判した。彼によれば『一般社会学大綱』において用いられたパレート流の実証主義は、精神的な物事を外在的なものとして扱い、そこに法則性を見出すという不可能な論理に基づく方法であり、それゆえ彼はその企てを何も遂行することができなかった。また本書で展開されている論理的行為と非論理的行為の区別、残基と派生の概念、そしてエリートの周流といった議論は常識的に受けいれられている観念の焼き直しに過ぎず、そこには何の独創性も見当たらないと酷評した。[15]
　続いて同年10月には *Journal of Social Philosophy* 誌上で「社会理論にとってのパレートの意義」に関するシンポジウムが行われたが、そこに掲載された論文もパレートに対して冷淡な評価を下したものが多かった。

カール・マーチソン（Carl Murchison: 1887-1961）は「パレートと実験社会心理学」と題する論文で、パレートの方法論と概念を実験心理学的観点から批判した。彼によれば、パレートは社会システム概念を展開したにもかかわらず、その諸変数を数量的に同定および操作することができず、結果として人間社会に対するシステム分析の有効な適用に失敗している。実験科学は人間の行動と思想が一般的に非論理的であるとするどのような証拠も提示しえない。パレートは感情を行動や思想の源泉として扱っているが、それを数量的に処理することは不可能であり、従ってまたそれに関する仮説を論理‐実験的方法で検証することは不可能である。そこで彼は仮説を検証するデータとして、あらゆる言語、年代の人間行動に関する記録からの引用を用いたが、それらは現象を観察した人物の制約とバイアスに彩られており、彼の提唱する普遍的な科学の営みにはそぐわないとした。

倫理学者のジェームス・ハイデン・タフツ（James Hayden Tufts : 1862-1942）は「倫理学にとってのパレートの意義」という論題で、経験的に、すなわち論理‐実験的に検証されえないあらゆる形而上学的信念は無意味であるとするパレートの見解に、認識に志向する没評価的な科学的信念と倫理や宗教のような価値に志向する評価的信念との峻別という見地から反論した。彼によれば、パレートは真理と効用の概念を明確に区分しており、形而上学的信念が社会に対してもつ有効性をいちおう認めてはいる。しかし最高善、正義、福利といった概念は不明瞭で一貫的を欠く感情の表明にすぎないとするパレートの認識は、科学と形而上学の機能的な相違を明確に区分しておらず、前者の方法を無批判に後者へ持ち込むものであると批判した。

社会学者のフロイド・ネルソン・ハウス（Floyd Nelson House : 1893-1975）の「現代社会学の発展におけるパレート」と題する論文は、『一般社会学大綱』は伝統的な社会学の流れに沿うものではなく、他の著名な社会学者と比較することは困難であるとしながらも、パレートの方法論や概念をよりマクロな社会思想のなかに位置づけようと試みた論文である。他の論文とは違って、パレート社会学の特徴についての簡潔ではあるが堅実な要約がなされており、現代アメリカ社会学はパレートの成果を受容する方向にあるとして、寄稿された論文のなかでは唯一パレートを肯定的に評価している。

最後に人間行動に関する本能説で有名な社会心理学者のW.マクドゥーガルは「心理学者としてのパレート（Pareto as a Psychologist）」と題する論文で心理学的問題に関するパレートの姿勢を激しく批判したのみならず、ジョルズ・アンリ・ブスケー（Georges Henri Bousquet：1900-?）、エドウィン・ロバート・セリグマン（Edwin Robert Anderson Seligman：1861-1939）、R.V.ウォージントン（R.V.Worthington）、B.A.デ・ボート、アルダス・ハックスレー（Aldus Huxley：1894-1963）などパレートを擁護する人々をも、パレートの誤謬の性質と範囲をみきわめる資質を持たず、純粋な若者をこのようなばかげた本に誘い込み、そこから何か有益なものを引出そうとする試みへいざなう有害な面々として徹底的に攻撃した。

　パレートに対するマクドゥーガルの批判を要約すれば次のとおりである。パレートの混乱の主な原因は科学と哲学の各領域を明確に区分せず、前者の方法を単純に後者に応用しようとしたことにある。彼は『一般社会学大綱』において明らかに心理学的問題を扱っているにもかかわらず、現代の心理学に関する知識を欠いており、歪曲された概念と不明確な定義によってそれらを記述した。彼の最大の発見のひとつとされる「人間行為の非論理性」は昔から常識として知られている事実の焼き直しに過ぎず、しかもその説明には「感情」、「残基」、「派生体」といった概念が登場するが、これらの概念についての明確な定義はいっさいなされていない。このように心理学的な知識を欠いたまま人間行為の心理的側面を記述するにあたって、パレートは二つのトリックを用いた。ひとつは「感情」という曖昧な行為の駆動力を心理学者の研究領域であるとして切り捨て、考察の対象を感情の顕現である行為や思想に限定したこと。もうひとつはそれらを客観科学におけるデータのように論理-実験的に扱うことができる自然現象であると前提したことである。(16)

　これに対しヘンダーソンは翌1936年1月の同雑誌にマクドゥーガルの論文に対するコメントを発表する。しかしそれはもはや批判に対する防衛や啓蒙を意図したものではなく、単なる皮肉交じりの辛辣な反論であった。ヘンダーソンはこれらの批判者が、科学者として真にパレートを理解するに足る能力があるとは考えていなかった。そして彼はその後も、同じような調子の手紙をマクドゥーガルとの間でやりとりし、パレート擁護の情熱を燃えあが

らせていった。[17]

　もちろんヘンダーソンも『一般社会学大綱』のさまざまな欠陥に気づいていた。だが彼にとってそのような欠陥は、社会科学に対してなされたパレートの貢献に較べれば取るに足りないものと映った。著名な生化学者としての業績に加え、古今の哲学・思想に関する深遠な知識、科学哲学や社会学に対する並外れた関心と知識、さらにフランス文学、とりわけバルザック、モンテーニュ、モリエールなどに対する深い造詣といった信じがたいほどの知識と教養を有するヘンダーソンにとって、彼らの科学方法論を中心としたパレート批判は、いかにも稚拙でもどかしく感じられたに違いない。その結果、この論争を境にヘンダーソンはパレートの福音を説く伝道者から、パレートを擁護する熱狂的な論客へと転身し、パレート擁護のために誰とでも論争するようになっていった。[18]

2　社会学への貢献

　このようなパレート社会学の研究と啓蒙の過程において、ヘンダーソンは社会科学に対する数々の有益な提言を、主に方法論の観点から行った。それらはパレート同様、自然科学の方法に基づく社会科学の基礎づけという形をとったが、とりわけ論理実証主義の視点から展開された科学哲学や、システム論的な認識論および分析手法は、彼の死後67年を経た今日でもT.パーソンズやG.C.ホーマンズの業績を通してその影響を確認できる。

　社会学に対するヘンダーソンの貢献を語る場合、われわれは次のような項目を挙げることができるだろう。それらは①科学哲学と社会学方法論　②システムおよび社会システム概念の導入　③パレート社会学の紹介　④医療社会学といった項目である。以下それぞれのテーマについて順次述べてゆくことにしよう。なお社会学の方法論に関する議論は次章で検討を加えることにする。

2.1 科学哲学

前章で述べたように、ヘンダーソンはT.リチャーズの化学史の講義に触発され、科学の歴史一般に対して深い関心を抱くようになり、ついには全米でもっとも早い時期に始められたものの一つである科学史の講義を開講するに至った。そして1924年には科学史学会を創設し、初代の会長を務めたが、これらの経験は彼により広範な科学哲学上の問題についての関心を喚起した。そして一方でJ.ロイスの哲学ゼミナールなどを通して科学哲学・方法論に関する研鑽を積みながら、他方、生化学という新しい学問領域の開拓と成熟に深く関与することでそれらを実践し、その過程において多くの科学哲学、方法論上の提言を行った。[19]

2.1.1 構成主義者として

ヘンダーソンは自然科学者として厳格な実証主義の立場をとった。そこから彼は科学における観察と実験の重要性を強調した。とりわけ観察は、いかなる実験も不可能であり、事象の綿密な観察がすべてであると考えられた社会科学において、もっとも重要な方法的戦略としての位置づけを与えられた。しかしながら彼は、科学とは本質的に現象に内在する既存の法則を発見する過程であり、事象の予測と説明を可能にする理論は観察や経験からの帰納的一般化によって導かれるとする、素朴な帰納主義の誤謬からは抜け出ていた。彼は観察が理論に依存するものであることを、そしてその理論はわれわれの主観において恣意的に構成されるものであることを理解していた。従ってヘンダーソンが重視した観察とは、あくまでも理論や概念を前提として成立する観察であり、理論の精確さに応じて、その精確さを増す観察言明のことにほかならない。

この意味においてヘンダーソンは、科学とは本質的に我々が主観において構成した理論によって対象世界を再構成してゆく過程であるとする構成主義者（constructivist）であった。彼は、科学者は現実についての観念を形成する理論を構築する人々であり、それなくしていかなる思考も不可能であると考えていた。[20] この立場は彼の「概念図式なしに思考することは不可能であるように思われる[21]」という命題に象徴的に示されている。

2.1.2. 概念図式

ヘンダーソンは概念図式（conceptual scheme）についての明確な定義を示していないが、それは構成主義者としての彼の立場を理解するうえで決定的に重要な概念である。それは彼が科学の概念図式から日常的思考の概念図式と呼ばれるものを区別し、両者の同質性と差異について論じていることから推測すると、最も広い意味で、「問題となる事象について人々が平均的に有している知識の全体」という意味でのフレーム（frame）および「時間的ないし因果的な関係に基づいて継起する出来事のまとまり」と定義されるスキーマ（schema）を指していると考えてよいであろう。フレームにせよスキーマにせよ双方とも行為者が新しい事態に直面したとき、事態を把握するために投げかけてみる網の目の役割を果たすもので、パターン化された知の枠組みと考えてよい。

例えば、社会システムという概念は彼の言う概念図式のひとつである。それは実際の社会を、ある観点から分析するために特定の変数のみに注目し、それらを関連づけた概念的構成物である。ヘンダーソンは社会システム概念を開示するにあたり、「私は私の経験の一部が含まれ有効となる無数の可能な概念図式のうち、そのひとつを構築する努力をする」と述べているが[22]、その言明はあらゆる分析的な理論を含む概念図式の恣意的構成に関する彼の考え方を象徴している。

またヘンダーソンによれば、概念図式は科学的認識の作業を有効かつ効率的に遂行するために構成された恣意的な概念的構成物である。従ってそれらは特定の目的にとって有効であるかぎり使用されるのであり、逆にその有効性が失われた場合、修正または廃棄されるべきものである。それゆえ概念図式を、ある究極的な形而上学的実在の記述と信じることは危険であり、それは科学的目的にとって不適切であるばかりか、誤解を招くものであるとされる[23]。恐らくこの概念図式の恣意的構成や、効用または利便性をその存廃の基準とする考え方は、彼が賞賛したアンリ・ポアンカレ（Henri Poincare：1854-1912）の規約主義（conventionalism）に準拠したものであろう。

2.1.3 具体性置き違えの誤謬

もし理論が経験から帰納された普遍的言明のシステムではなく、研究者の視点からきわめて恣意的に構成された仮説的立言集であるとするなら、われわれはそれをもって現実そのものの描写と考えるわけにはゆかない。この点に関してヘンダーソンは、理論とはある特定の観点から現実の諸局面を抽象したものであり、当然、現実とは似て非なるものであること、それゆえ両者は厳格に区別されねばならないことを強調した[24]。

この概念の実体化に関する批判、換言すれば、抽象的なものを具体的なものと取り違えてしまう過ちは、とりわけ彼自身がハーバードに招聘し[25]、1930年代のハーバードにおいて教員や学生達に絶大な影響を与えた哲学者A.N.ホワイトヘッドの「具体性置き違えの誤謬（The fallacy of misplaced concreteness）」という概念に拠って繰り返し述べられる[26]。

例えば社会システムを現実の社会そのものと考えることは、この誤謬の典型的な例である。すでに述べたように、社会システムとは無定形な現実の社会をわれわれの思考に従わせるべく、特定の観点からきわめて恣意的に変数を選定し関連づけた概念図式にほかならない。従って実際の社会に見られる具体的な均衡は、あらゆる要素の作用・反作用の結果であり、そこから選択された若干の構成要素から成る社会システムの理論的均衡状態とは明らかに異なっている[27]。ゆえに「もっとも完成された形の均衡理論でさえも〈具体的なものの近似〉にすぎない」のであり、われわれは「思考の明確化のためにいかに重要であろうとも、抽象的なシステムを現実と取り違えてはならない[28]」。

2.1.4 科学的言明の近似的性質

以上のような理論の恣意的構成や規約性、および科学的認識の固定性についての観念は、彼をして科学的認識というものが現実の近似に過ぎず、確率的な意味においてのみ真理を主張することができる営みにほかならないという見解へ導いた。われわれは現実そのものをとらえることはできない。われわれが認識できるのは概念図式を通して把握される現実の一部についてのみである。われわれはそれらの断片化された現実についての認識を総合することによって、より近似的に事物の本質に迫ることができる。しかしその認識

をもって現実そのものと考えることはできない。このような科学観はヘンダーソンの計量化志向とあいまって、あらゆる科学的言明は近似的かつ蓋然的であり、いかなる意味においても絶対的真理を主張することはできないという信念を抱かせるに至った。「われわれは観察的、実験科学的諸科学において蓋然性に関心があるのであり、確実性にではない。近似に関心があるのであり、絶対的正確さにではない」[29]。この意味で科学的真理とは、実践における有効性を満たす限りでの蓋然的な言明にほかならない。

2.1.5 論理実証主義への接近

ヘンダーソンは、晩年、科学的認識の限定性や近似的性質への確信を強めてゆくにつれて、いっそう形而上学に対する批判を強め、より厳格な実証主義を標榜する論理実証主義へ傾いていった。彼は、当時急速に隆盛し始めたこの思想上の運動を、エルンスト・マッハ（Ernst Mach : 1838-1916）やH. ポアンカレの著作を通して知っていたが、とりわけ彼らとの類似性を指摘されるパレートの著作を読んで以来、明らかにこの立場に準拠するようになった。その結果、彼はかつて『環境への適合』や『自然の秩序』において精根を傾けた世界の目的論的様相についての形而上学的考察を、すべて無意味な試みと断ずるに至った[30]。

経験的検証が不可能な命題はすべて無意味であるとする論理実証主義の明快な主張は、曖昧で経験的裏づけを欠き、しばしば価値評価をも内在する社会科学上の多くの命題を、無意味なものとして一掃する有力なイデオロギーとして彼を魅了した。哲学という営みは命題の明晰化と分析にあるとする同派の主張は、その実践を通じて社会関係を扱う「科学」の成立を予感させた。もし社会科学上の命題に明瞭で一義的な定義を与えることができるなら、論理実証主義において命題の有効性を保証する唯一の基準である検証可能性を確保することが可能となる。だが社会科学には多くの言葉をめぐる議論が存在し、結果として概念は多義的かつ曖昧で、しかも共感・嫌悪の感情を伴い、さまざまな矛盾と混乱を抱えたまま使用され続けている。ヘンダーソンには、このことが社会科学において事象の斉一性の認識を妨げている元凶であると映った[31]。 彼の「言葉について議論するな」[32]という言明は、言葉をめぐる形

而上学的な解釈を停止し、明晰で精確な定義に基づく検証可能な命題の定立を要請したものであった。

　ヘンダーソンによればパレートは、この事実の重要性を認識し、著書の中でこの困難を避けるべく意識的な努力を払った最初の社会科学者であった。パレートは言葉の使用から生じる曖昧さや誤謬を避けるため、しばしば言葉の代りに記号を使い言明を定式化することを試みた。(33) 一連の記号体系を用いた命題の分析はルドルフ・カルナップ (Rudolf Carnap: 1891–1970) によってその効果が実証されたが、(34) ヘンダーソンは彼らにならい、1932年の「事実に関する近似的定義 (An Approximate Definition of Fact.)」と題する論文のなかで、われわれが事実と呼ぶ事象を「事象についての経験」、「経験の言明」、「結論の言明」に区分し、それぞれを一連の記号を用いて代数的に定義することを試みた。それは命題を構成する記号の論理的な分析によって、その明晰化を達成せんとする論理実証主義の主張を彼なりに実践したものと考えられる。(35)

3　システムおよび社会システム概念の導入

3.1　システム

　パレート自身はシステム概念についてほとんど説明を与えていない。(36) だがヘンダーソンは、彼が書いたパレートの入門書である『パレートの一般社会学』において、隔離された物理‐化学的システムを例に挙げてシステム概念を詳細に説明し、その啓蒙に努めた。(37)

　彼によればシステムは概念図式の一種であり、我々の想像の産物である。それは研究対象の範囲を定め、変数を確定し、それらの関係を記述する有益な虚構である。システムは複数の変数によって構成され、それらの変数は相互依存的な状態にある。従ってひとつの変数における値の変化が、必然的に他のすべての変数の値の変化を生じさせる。その意味で原因と結果は相互的であると考えられ、通時的な一方向の影響関係を仮定する因果分析の考え方とは明確に区別される。すべての変数が相互に依存しあうような有機的過

程に一元的な因果的推論を持込むことは、危険であるばかりでなく、実際、我々の認識を誤らせる主要な原因のひとつである。[38]

このようなシステム概念に基づく、相互依存分析は次のような手続きに従う。第一に研究対象をいくつかの変数から構成されるシステムとして概念化する。次にこれらの変数間の均衡条件を記述する方程式を変数と同じ数だけ導く。この作業がシステム分析の中心的課題となる。こうして導かれたいくつかの方程式を連立方程式として定式化し、所与の条件のもとで解いた場合得られる値、すなわちいくつかの方程式の変数を同時に満たす値を当該システムの均衡点とする。[39]

3.2 社会システム

システム概念および分析手法についての明瞭かつ詳細な説明とは対照的に、社会システム概念に関するヘンダーソンの言明はいかにも歯切れが悪い。ヘンダーソンによれば社会システムは相互作用を行っている二人かそれ以上の人々によって構成され、絶えざるメンバーの交替にもかかわらずその形態を維持する人間関係のシステムである。それは単なるメンバーの総和には還元されえない創発的特性を有し、しばしば異質な構造を持つサブ・システムを内包する有機的なまとまりである。それは基本的に複数の人間関係のシステムであるから、論理的には二人集団から、はては全世界までを社会システムとして概念化することが可能である。従って、どのレベルの集団を社会システムとして概念化するかは研究者の問題関心にかかっており、その意味で研究対象となるシステムの選択は恣意的である。[40]

以上のようにヘンダーソンは社会システムの一般的特徴を的確に指摘したが、その実質に関してはパレートの社会システム概念を紹介したにとどまり、彼独自の概念を展開することはなかった。おそらくその理由は、人間社会を物理－化学的システムのような形で概念化し、分析することは不可能であり、従って社会システム概念は、かなり限定された有用性をもつ用具にとどまらざるを得ないとした彼の判断に求められよう。[41]

4 パレート社会学の布教

　繰り返し述べてきたように、ヘンダーソンがパレートに魅了された最大の理由は、パレートが社会をシステムとして概念化し、構成要素の相互依存分析を展開していることにあった。だがわれわれは、ここでヘンダーソンが明確に描き出したにもかかわらず、パーソンズのパレート解釈によって掻き消されてしまったもうひとつのパレート像、すなわち知識社会学の先駆としてのパレートに注目することにしよう。というのも、それは社会システムの分析ツールとして使用された残基と派生の理論と深く関わるものであり、社会システムの展開と並んでヘンダーソンを大いに魅了した、もうひとつの要因であると考えられるからである。[42]

　「人間がしばしば理性によってではなく、感情、偏見、願望、そして強い感情、希望、恐れなどによって動かされるということは一般的な心理学、生理学そして生物学的考察によって十分に確証された経験によって確立された帰納である」[43]として、パレート同様、人間が理性ではなく感情によって行為へ駆り立てられる存在であり、ゆえにそれらの行為から生じる人間的事象は必然的に非論理的な性格を有することを確信していたヘンダーソンは、人間的事象の背後に潜む非論理的な感情の存在と、事後的に付け加えられるもっともらしい論理のイデオロギー性を暴露するパレートの社会学に強く惹かれた。

　1937年以降、ヘンダーソンは「具体社会学」という社会学の入門講義を開始するが、そこではもっぱらパレートの残基と派生を概念図式として用い、一見、論理的に見えるわれわれの行為や発話がいかに非論理的な感情や価値の合理化に過ぎないものであるかを示そうとした。こうしてヘンダーソンは知識社会学の先駆としてのパレート像を明確に描き出した。

5 医療社会学に対する貢献

　現在ではそれほどでもないが、ヘンダーソンが「社会システムとしての医

者と患者("Physician and Patient as a Social System.", 1935)」という論文を書いたころ、医者と患者を社会システムとして扱うという発想はきわめて斬新なものであった。医療社会学の領域でヘンダーソンが引用されることはほとんどないが、彼は医者と患者を役割構造の観点から分析したT.パーソンズへの影響を通して、間接的ながら重要な影響を及ぼした。

　ヘンダーソンの出発点は、当時、急速に発達しつつあった自然科学の成果に立脚する医学が、患者を単なる治療の対象として扱い、医者と患者の個人的関係といった心理−社会的局面を軽視する風潮に対する批判にあった。患者は単なる変調をきたした有機的システムにすぎず、治療とはシステムの撹乱要因を除去することにほかならないといった視点は、当然のことながら患者のパーソナリティや彼が置かれている社会的条件の軽視につながる。だが人間は単なる生物有機体ではない。患者の精神状態は治療効果に大きな影響を及ぼすことが知られているし、医者と患者の有効なコミュニケーションは、単に患者の満足度を高めるだけでなく、より効果的な治療の実践にとって不可欠な要素でもある。おそらくヘンダーソンは、当時急速に活発化してきた「精神身体医学(psychosomatics)」の思想との関わりの中でそのことを深く理解していた。[44]

　そこでこのような事態を改善するために医者と患者の関係についての科学的な分析が必要となるが、ここでヘンダーソンはパレートの概念図式、すなわち社会システム概念を応用する。彼は医者と患者を社会システムとして概念化し、その最も重要な局面と考える両者の感情的相互作用に焦点を定め分析を行った。疾病の効果的治療と患者の福利のため、患者の発話の背後に潜む感情を把握することが重要であると考えるヘンダーソンにとって、行為や発話の背後に潜む残基の把握という社会システムの分析手法は、まさに最善の方法であると思われた。このような視点からヘンダーソンは、患者に対する医者の対応についていくつかの興味深い提言を行った。端的に言えば、これらの提言はすべて「患者は理性ではなく感情によって行為する」という命題から演繹されている。以下、その要点を簡潔にまとめてみよう。

　ヘンダーソンによれば、患者の発話は彼の感情を示す重要な指標である。ゆえに医者は患者の発話に興味をもたねばならない。その際、患者の発話や

行動に関する価値判断や道徳的評価は慎むべきである。というのも、彼らはそのような道徳的判断に従って行動しはしないからである。患者の態度を変化させるのは論理ではなく感情である。そこで医者は患者の態度を変えるために彼の感情をうまく利用せねばならない。

次に患者との対話において、医者は第1に患者が言いたいことを、第2に言いたくないことを、そして第3に言えないことを聞かねばならない。患者が言いたくないことや言えないことを聞くために、医者は精神分析理論をはじめとするさまざまな技法を援用すべきである。医者は患者の発話から字義通りの意味ではなく、それが暗示するメタメッセージを、すなわちなぜ彼はそう言うのかという動機を読み取らねばならない。逆に、医者は患者を不安や絶望に陥らせることのないよう、自らの発話や態度の表明に注意する必要がある。患者は医者の発話に敏感に反応し、時には医者が想像だにしない意味を引出すことさえあるからだ。とりわけ「これは事実だ」という開き直りによって、患者にむきだしの真実を突きつけることは厳に慎まねばならない。「あなたの病気は癌です」という発言は、患者に死に対する恐怖という感情的反応のみならず、さまざまな医学的・生理学的変化をも生じさせる。

最後に、医者はできるだけ患者に危害を加えないよう配慮せねばならない。医者は多かれ少なかれ不可避的に患者に危害を加える。このことは決して投薬や手術といった医療技術上のミスに限られるものではない。医者は彼の感情の表明や言い損ねによっても患者に危害を加えることを銘記しなければならない。

以上から明らかなように、ヘンダーソンの医者-患者関係に関する提言は、両者の間で行われるコミュニケーションの分析に、とりわけ両者の情動的な相互作用の重要性に注意を喚起するものであるが、その視点には当時としてきわめて斬新なものがあったと評価できる。

6 ヘンダーソンによる社会学の展開

6.1 Sociology 23 Lectures

　社会学についてのヘンダーソンの思考を体系的に理解するには、彼が晩年に執筆した『入門講義 社会学23（Sociology 23 Lectures）』を読むのが最良の選択である。[45]本書は、社会学についてのヘンダーソンの思考を、体系的に呈示する唯一のデータであるといってもよい。序文によれば、本書はハーバード・カレッジで行われた「具体社会学〈Concrete Sociology〉」と題された講義の産物である。[46]C.I.バーナード（Chester Irving Barnard: 1886-1961）によれば、この講義の当面の目的は受講生に人間の相互作用に関する多くの具体的なケースを示し、人間関係の諸問題に対する科学的なアプローチを説明することであった。[47]だが、同時にヘンダーソンにとってこの講義は、パレートを土台として構想した社会学の輪郭を概念図式の形で体系的に呈示する唯一の機会でもあった。

　W.B.キャノンによれば、この講義は、最初にヘンダーソンが抽象的な理論的枠組みを述べ、次にそれを例証するものとして、ゲスト講師が具体的な事例を紹介し、最後にヘンダーソンが、これらの事例と自らの概念図式とがいかなる関係にあるかをコメントするという形式で進められていった。[48]本書はこの講義の形式を忠実に反映しており、次の三つの部分から成っている。パートⅠではヘンダーソンが考える社会学の概念図式が示され、あわせて社会学および社会科学一般に関する方法論についての議論が展開される。[49]パートⅡは、パートⅠで示されたフレームを例証するために選ばれた、さまざまな文献からの抜粋によって構成される。従って読者はパートⅠを読みながら、しばしばパートⅡを参照することが求められる。[50]最後にパートⅢは上述の講義「具体社会学」に招かれたゲスト講師によって提示された、いくつかの事例によって構成される予定であった。[51]以下、ヘンダーソンの社会学に関する思考が集約されているパートⅠをテキストとして、彼が構想した社会学の輪郭を描き出してみよう。[52]

6.2 社会学の概念図式

　ヘンダーソンによれば本書の目的は、「概念図式の助けを借りて具体的な事例を研究すること」であった(53)。すでに述べたように分析の題材となる事例は、すべて多種多様な文献からの抜粋とゲスト講師が提供する事例で構成されていた。従ってヘンダーソンは、実際のところ社会学の概念図式以外には、理論に関するものを何も提示していない。だがその概念図式でさえ、実質的にはパレートの社会システム、とりわけその中核としての残基と派生の紹介と説明であり、独自の理論的考察はほとんどなされていない(54)。

　この社会システムを分析するための変数として、ヘンダーソンは①構成要素としての人々 ②異質性: a) 人々の異質性　b) 持続的な人間関係 c) 持続的な組織 ③経済的利害 ④残基 ⑤派生 ⑥科学 ⑦論理の7つを挙げた(55)。だが、これらはパレートが社会システムの内的要因として挙げた諸変数に、社会システムは論理的行為からなる経済的システムを含むという理由で科学と論理を付け加えたものにすぎない。むしろここでは、彼がこれらの構成要素をパーソンズが『社会的行為の構造』で分析した社会的行為の構造的構成要素（行為の準拠枠組を構成する変数）と同じものであると述べている点が興味深い(56)。

6.3 社会学方法論

　社会学の概念図式に関する言明の凡庸さと比較すれば、方法論に関するヘンダーソンの提言には数々の興味深い見解がうかがえる。ヘンダーソンによれば社会学とは「二人もしくはそれ以上の人々の間で相互作用が生じる、あらゆる出来事と過程とを含む」現象に精通する科学(57)、または端的に「人々の相互作用に精通するもの(58)」である。ここから社会学は人々の感情に基づく相互作用を分析することが焦点となるが、ヘンダーソンによれば、それらの分析に際し、社会学は医学の方法をモデルとすべきであると主張される。

6.3.1 社会学のデータ

　なぜ社会学において医学の方法を採用することが有効であると考えられるのか。その理由は何よりも社会学のデータの特殊な性質と、その分析の困難

さに由来する。ヘンダーソンによれば、社会学のデータは「彼らの相互作用と関連する限りでの、人々が述べたこと、したこと、彼らに起ったことなどからなる」。そして「これらの伝聞証拠は、口頭で述べられたものであろうと、印刷物であろうと、そこから社会科学が構築されねばならない原材料の大部分を占め」[59]、その解釈の技術および実践は社会科学の本質的な要素であると主張される[60]。その際、研究者はそれらの発話を字義通りに理解するだけでは不十分であり、その発話に込められている感情と態度を理解せねばならない。なぜなら「さまざまな状況や事柄において人間が述べる多くの事柄は真実でも誤りでもない。それらは希望、恐れ、執念、好き、嫌い、大望、そして勇気の表現である」[61]からだ。

　科学論文のような論理的なテキストの場合には、コードに従った解読で十分である。しかし一般の非論理的な発話や行為を理解するにあたっては、コンテクストを参照しながらの「解釈」が必要となる。とりわけ感情の理解には、単なる言語的シンボルのみならず、ジェスチャー、表情、声の高低、速さ、リズムといった準言語と呼ばれるもの、さらには発話者の身体的、心理的、社会的特性および行為や発話がなされた状況といったコンテクストへの参照が不可欠となる。

6.3.2　モデルとしての医師の方法

　医師の方法が有効性を発揮するのはここである。ヘンダーソンによれば、医師は患者の発話のコノテーション（暗示的意味）を、さらにはその背後にある感情や態度を推論するエキスパートである。すなわち「熟練した医師は、彼が言われたことの意味をよく考え解釈する。彼はその解釈をその患者について知っているさまざまな事実によって修正する」。

　「このようにして医師は患者が言いたいことを聞き、第2に患者が言いたくないことの含意を、最後に患者がうまく言うことのできないことの含意を汲み取る。さらに医師は彼自身の仮定や信念、感情の混入に気をつける。こうして熟練した医師は、彼の患者にとって知ることが大切なものをよく理解する」[62]。

　すでに述べたように、ヘンダーソンは「社会システムとしての医者と患者」

という概念図式において、医者と患者の間で行われるコミュニケーションの重要性に注意を喚起し、患者の発話に託されるメタメッセージの、とりわけ感情の把握を重視した。それらは単に患者の満足度を高めるだけでなく、より効果的な治療の実践にとって不可欠な要素でもあると考えられたからである。それではなぜ熟練した医師は患者の発話のメタメッセージを読み取ることに長けているのか。それは何よりも、彼が患者と交わされるコミュニケーションに熟達しているからである。

6.3.3 研究対象への直観的習熟

厳格な実証主義者として理論のみならずその検証を重視したヘンダーソンにとって、統制された条件下での社会科学上の実験がほとんど行われていなかった当時の状況は、人間関係に関する科学の成立に疑問を抱かせ、結果として彼は「事象の綿密な観察」および「事象への直感的習熟」が彼の時代における社会科学に可能なすべてであるという見解を示すに至った。[63]

「事象への直観的習熟」とは具体的に何を意味するのであろうか。バーナードによれば、ヘンダーソンは1913-15年にかけて、W.パルマーとマサチューセッツ総合病院でアシドーシスについての共同研究を行った際、臨床経験を持つ医師たちが、他のどんな方法によっても得られないような直感的知識を習得していること、それによって彼らがさまざまな条件のもとで何が起きようとしているかを正確に予測することに感銘を受けた。W.B.ウォルフによれば、このことが彼に直観的習熟の重要性を認識させる契機となったという。[64]

一般に論理学には「前件肯定式」、「後件肯定式」、「前件否定式」、「後件否定式」という四つの推論形式が存在する。このうち医師の診断や予測は「後件肯定式推論」に分類される。後件肯定式推論とは、「もしAならばBである。いまBである。ゆえにAである」という三段論法に示されるように、第一前提である条件文の後件「Bである」を肯定する条件を第二前提とすることによって、第一前提の前件を肯定する結論を演繹する推論形式を言う。たとえば、「もし彼がインフルエンザであれば頭痛がする」という条件文を第一前提とすると、「いま彼は頭痛がする」という第二前提から「ゆえに彼はイ

ンフルエンザにかかっている」という結論が導かれる。

　だがすぐ気づくように、この推論形式は必ずしも正しい結論を導くわけではない。つまり頭痛がするからといって、必ずしもインフルエンザにかかっているわけではない。もしかしたら脳出血とか脳腫瘍であるかもしれないし、一酸化炭素中毒や肩凝りによる頭痛であるかもしれない。このように後件肯定式推論は、前件と後件の因果関係が一義的でない場合、100％の信頼性を持つことはできない。しかしわれわれは、前件を推理する条件となる後件（指標）を精密化することで、その信頼性を高めることができる。例えば、さきほどの場合、もし頭痛に加え〈咳や高熱〉という指標が加われば、インフルエンザである可能性が高くなる。さらに〈上気道、鼻腔、結膜の炎症〉という指標が加われば、その他の病気である可能性はさらに小さくなる。これらの指標への習熟なくして的確な診断はありえない。

　以上から明らかなように、事象への直感的習熟とは「ある事象」と「その事象が生じていることを示す指標」に精通することを意味している。因果的多元論の立場からシステム論的分析を提起するも、その厳密な適用が不可能な社会現象の分析においては、現象の発生を示す指標を熟知し、そこから現象の診断・予測を行うことが、とりあえず可能な次善の策であるとヘンダーソンは考えた。社会学者はなによりも、綿密な観察によって研究対象に習熟せねばならない。現場の状況を熟知している実務家は、しばしば空虚な理論をこねまわすだけの研究者よりもはるかにすぐれた理解と洞察を示す。そして、これこそヘンダーソンが、ニュージャージー・ベル電話会社の社長であったチェスター・アーヴィング・バーナードのような実務家を高く評価した理由であった。

【注】

(1) ソローキンの『現代社会学理論』(*Contemporary Sociological theories*;1928)におけるパレートの紹介は、原著の論旨を忠実にたどり要約したもので、方法論と理論を簡潔に、かつ分りやすく解説している。またパレートがその方法論的主張とはうらはらに社会システムの数理的な分析をまったく展開していないことや、しばしば形而上学的な概念構成を行っているといった矛盾を正しく指摘しながらも、その方法論的および理論的主張の含意を、「真の科学的社会学」へ発展する可能性を持つものとして高く評価している。

(2) F.N. ハウスによれば、この時までに自らの著作においてパレートの『社会学大綱』に言及したのはF. オッペンハイマー (Franz Oppenheimer：1864-1943)、P. ソローキン、E. フェアリス (Ellsworth Farris：1874-？)、W. ゾンバルト (Werner Sombart：1963-1941) の4人にすぎない。(House, Floyd Nelson,1935, "Pareto in the Development of Modem Sociology.", *Journal of Social Philosophy*, vol.1.No.1,p.80.)

(3) 松嶋敦茂によれば、今日に至るまでのパレート理解の諸相には次のようなものがある。①計量経済学的研究の先駆 ②「一般的経済的均衡」の確立 ③序数的効用理論の定礎 ④「新厚生経済学」の定礎 ⑤社会諸科学の「学際的総合」の最初の試み ⑥実証的経済・社会政策の創唱者 ⑦発生的構造主義の起源 ⑧「知識社会学」的分析の先駆 ⑨イデオロギー論の一典型 ⑩「(論証的) 議論」の理論化の試み ⑪社会システム論の創始 ⑫エリート主義者 ⑬マキャベリアン ⑭「ファシズムのマルクス」⑮現実的自由主義者 ⑯「民主主義的エリート論者」(松嶋敦茂, 1985, 前掲書, pp.9-10.)

(4) Letter from Crane Brinton, February 17, 1967. (quoted in Heyl Barbara S., 1968, *op.cit.*, p.317.) またホーバス夫妻もこの状況について「パレートの社会学理論は1930年代のニューイングランドにおける信仰の基礎であった」と述べている。(Steven M.Horvath and Elizabeth C. Horvath, 1973, *op.cit.*, p.10.)

(5) 大村英昭 西山茂編, 1988,『現代人の宗教』友斐閣 ,p.14.

(6) Heyl, Barbara S., 1968, *op.cit.*, p.317.

(7) Lens Sidney, 1966, *Radicalism in America.*, New York :Thomas Y. Crowell Co. (陸井三郎 内山祐以智訳, 1967,『アメリカのラディカリズム』青木書店 , p.128.)

(8) 津田真澂, 1972,『アメリカ労働運動史』総合労働研究所 ,pp.106-7. ちなみにS. レンズによれば1912年のアメリカ社会党の党員は118,000名となっている。(Lens, Sidney,1966, 同上訳書, p.168.)

(9) 1927年、共産党員は9,642人、社会党員は7,493人にまで減少する。(Lens, Sidney, 1966, 同上訳書, p.235.)

（10） Lens, Sidney, 1966, 同上訳書 , p.236. 津田真澂 , 1972, 前掲書 , p.187.
（11） Lens, Sidney, 1966, 同上訳書 , p.236-59.
（12） Brinton, Crane,1958, "Lawrence Joseph Henderson.",*Saturday Club: A Century Completed.,1920-56,*（ed.）,E.W.Forbes and J. H.Finley Jr., Boston: Houghton Mifflin Co., p.213.
（13） Homans, Gorge Caspar, 1962, *Sentiments and Activities: Essays in Social Sciences,* The Free Press, Glenco, p.4.
（14） *The Saturday review of Literature,*vol.XII, No.4, May 25, 1935, pp.1-5, 10-3. この特集への寄稿者と論題は次のとおりである。Henderson, Lawrence Joseph, "Pareto's Science of Society." Bernard De Vote,"The importance of Pareto." Benedetto Croce, " The validity of Pareto's Theories." Arthur Livingston,"Vilfredo Pareto; A Biographical Portrait." ヘンダーソンの論文は同年発行の『パレートの一般社会学』（*Pareto's General Sociology*: 1937.）からの抜粋による要約であり、パレートの社会学の全体像を簡潔かつ明瞭に紹介している。デ・ボートの論文は、特に社会のシステム論的分析と人々の行為や言明を残基と派生という概念に準拠して相対化する知識社会学的手法に着目し、『一般社会学大綱』を天才の業と高く評価した論文である。最後にリヴィングストンのそれはパレートの生涯をたどり、自伝として簡潔にまとめている。
（15） Croce, *Ibid.,* pp.12-23.
（16） *Journal of Social Philosophy,* vol.1, No.1, 1935, pp.36-89. このシンポジウムへの寄稿者と論題は次の通りである。William McDougall, "Pareto as a Psychologist." Carl Murchison, "Pareto and Experimental Social Psychology." James Hayden Tufts, "Pareto's Significance for Ethics." Floyd Nelson House, "Pareto in the Development of Modern Sociology."
（17） 佐々木恒夫 ,1975「訳者あとがき──ローレンス・J・ヘンダーソン：その人と業績」（L.J.ヘンダーソン組織行動研究会訳『組織行動の理論──パレートの一般社会学』東洋書店 , pp.141-2.
（18） ヘンダーソンはとくに従兄のイェール大学教授イェルドン・ヘンダーソンと激しい論争を繰り広げたが、このようなパレートへの熱狂に対してA.L. ローウェル、C.I. バーナード、E. メイヨーなどは批判的な態度を示していたという。（Wolf W.B.,1973."Conversation with Chester I. Bernard.", *ILR Paperback*, No.12. Cornell University. 飯野春樹訳「回想のバーナードⅠ,Ⅱ,Ⅲ」『関西大学商学論集』第 18 巻第 1 号 ,p.79. 吉原正彦 ,1976, 前掲論文 , p.257.)
（19） 吉原正彦, 1976,「L.J. ヘンダーソン研究序説── ハーバードにおける活動の軌跡」『千葉商大論叢』第 14 巻 , 第 3 号 , pp.245.
（20） Barber, 1975, *op.cit.,* p.19.

（21） Henderson, Lawrence Joseph, 1932, *Sociology 23 Lectures, University of California Publications in Philosophy* 14, in Barber, *Ibid.,* p.86,160.
（22） Henderson, Lawrence Joseph, 1932, "An Approximate Definition of Fact," *University of California Publications in Philosophy* 14, in Barber, *Ibid.,* p.86.
（23） Henderson, *op.cit.,* 1941-2 edition in, Barber, *Ibid.,* p.76.
（24） Henderson, Lawrence Joseph, 1937, *Pareto General Sociology: A Physiologist's Interpretation.* Cambridge Mass: Harvard University Press. （組織行動研究会訳, 1975, 前掲訳書, pp.95-6.）
（25） 「もちろんローウェル氏が大学総長として招請状を送ったのであるが、その計画はローレンス・ヘンダーソンに端を発し、ホワイトヘッドの教授職のための資金が、ヘンリー・オズボーン・テイラー一家によって醸出されたのである。この事実は何年も後になるまでホワイトヘッド家の人たちにも分らなかった」。（Price, Lucian, 1954, *Dialogues of Alfred North Whitehead,* Little Brown and Company, Boston. 岡田雅勝、藤本隆志訳, 1980,『ホワイトヘッドとの対話』みすず書房, p.11.）
（26） Henderson, 1932, *op.cit.,* 1941-2 edition in Barber, 1975, *op.cit.,* pp.140-2. 1941, "The Study of Man.",*Science* 94, p.5.
（27） Henderson,1937, 前掲訳書, pp.95-6.
（28） Henderson, 1937, 同上訳書, p.95.
（29） Henderson, 1932, *op. cit.,* 1941-2 edition in Barber, 1975, *op.cit.,* p.63.
（30） Parascandola, John L., 1971, "Organismic and Holistic Concepts in the Thought of L.J.Henderson.", *Journal of the History of Biology,* vol.4, No.1, Spring, p.107.
（31） Henderson, Lawrence Joseph, 1941, "What is Social Progress?", *Proceedings of the American Academy of Arts and Sciences* 73., in Barber, 1975, *op.cit.,* p.246.
（32） Henderson, 1937, 前掲訳書, p.83. Henderson, 1932, *op. cit.*,1941-2 edition in Barber, 1975, *op.cit.,* pp. 133-4.
（33） Henderson, 1932, *Ibid.,* 1941-2 edition in Barber, *Ibid.,* pp.133-4.
（34） Ayer, Alfred Jules., 1946, *Language, Truth and Logic,* Revised Edition, Victor Gollancz Ltd., London. （吉田夏彦訳, 1955,『言語・真理・論理』岩波書店, p.68.）
（35） 1937年2月18日付けのR.カルナップへの手紙で、ヘンダーソンは言語の論理的統辞に関して、「私が近代論理学の、これらのシンボルの使用法を勉強したことがないことをあなたはご存知だと思います。しかし私がこの方面を少し勉強せねばならないことは明らかです」と述べている。（Parascandola, 1971, *op. cit.,* p.109.）
（36） Henderson, 1937, 前掲訳書, p.68.
（37） 同上訳書, pp.30-53.

(38) もうひとつの原因は、認識に対する感情の混入にあるとされる。(Henderson, Lawrence Joseph,1934,"Science, Logic, and Human intercourse.", *Harvard Business Review,* April, pp. 319-22,1941-2 edition in Barber, 1975, *op. cit.*, p.139.)

(39) ここで彼は説明の便宜のためにもっぱら閉じたシステムをモデルとし、均衡（例えば化学的均衡）の存在を前提として分析を進めているが、社会システムの均衡に関しては、それが必ずしも自明のものではなく、条件依存的なものであることを慎重に指摘している。(Henderson, 1937, 前掲訳書, p.97.) システム分析の方法に関しては、同上訳書,pp.30-53,103-4参照。

(40) Henderson, *op. cit.,* 1941-2 edition in Barber, 1975, *op. cit.,* pp. 89-91.

(41) なぜ経済システムのような形で社会システムを記述できないのか。その原因としてヘンダーソンは次のような要因をあげる。①社会を閉じたシステムとして概念化することの不適切さ ②具体的な社会システムの境界設定の困難さ ③社会システムを実験的に創り出すことの困難さ ④社会システムの構成要素、とりわけ感情といった要素を定義することの困難さ ⑤計量的分析の不可能性。これらのうち社会システムの計量的分析の不可能性は均衡分析に対する最大の制約であり、この制約ゆえに社会システム概念は現在、そして将来にわたり限定された有用性をもつ用具にとどまるとヘンダーソンは考えていた。(Henderson, 1937, 前掲訳書, pp.57-8.)

(42) われわれは両者の間にさまざまな共通点を見出す。例えば、彼らは論理実証主義に基づく科学哲学や計量的分析手法において、より一般的には自然科学の方法を社会科学へ持込もうとする方法論的志向において共通しており、さらに合理主義者および自由主義者としての価値観、さまざまな学問領域にまたがる百科全書的な知識と教養、自然科学者としての経歴など価値観やイデオロギーに関しても共通点を有していた。加えてパレートは技術者・経営者・政治家としての前半生を送ったのであり、ヘンダーソンがもっとも賞賛した「現実に習熟した実務家」としての側面を併せ持つ人物であった。これらのさまざまな類似性が相乗的にパレートに対するヘンダーソンの愛着を強化したことは間違いない。

(43) Henderson, *op.cit.,* 1941-2 edition in Barber, 1975.,*op. cit.,*p.84.

(44) Parsons, Talcott "On Building Social System Theory: A Personal History.", *Social Systems and The Evolution of Action Theory,* The Free Press 1978.（田野崎昭夫監訳, 1992,『社会体系と行為理論の展開』誠信書房,p.42.）*Social Structure and Personality,*1964.,The Free Press of Glencoe.（武田良三監訳,1973,『社会構造とパーソナリティ』新泉社,p.435.）

(45) 本書は出版の予定であったが、ヘンダーソンの急死によって頓挫してしまった。彼の死後、友人であったC.I. バーナードが出版のための編纂の仕事

を引き受けた。彼はヘンダーソン自身が書いた250頁にのぼる自伝原稿を彼の子息から譲り受け、それをもとに序章と第4章を書き『具体社会学入門』(*Introductory Lectures in Concrete Sociology*) として完成させた。しかし結局、ヘンダーソンの原稿を読んだハーバード大学の社会学関係者たちの同書に対する低い評価から出版を断念せざるをえなかった。バーナードによって編集された『具体社会学』は次のような構成をとっていた。I. Introduction. II.Biographical Background.III.The Course23 in Harvard College. IV. The Manuscript and its Editing. (佐々木恒夫「訳者あとがき——ローレンス・J・ヘンダーソン：その人と業績」Henderson,1937, *op. cit.*, 前掲訳書 ,1975, p.120.)

(46) Henderson, *op. cit.,* 1941-2 edition in Barber, 1975, *op. cit.,* p.57.

(47) 「1937年に、故ローレンス・J・ヘンダーソン教授は『具体社会学（"Concrete Sociology"）』において一つの実験コースを企てた。当面の目的は、社会的状況における人間の相互作用と行動にかかわる多くの具体的事例を提示して、そのような状況のもつ重要な性質を伝え、それによって人間関係の諸問題に対する科学的アプローチの実例を学生たちに供することにあった。この目的のために、ヘンダーソン教授が教授会メンバー、法律家、医師および実務家など30人ほどの助力を仰いだところ、各人が一つまたはそれ以上の事例を提供することに同意した。事例を提供する各人は親しくそれに参加した経験をもつか、ないしはそれについての直接の観察者であること、あるいはその事例が歴史的に時間を経たものである場合には、その既知の事実について完全に精通していることが可能な限り望まれた。このような具体性が求められたのは、ヘンダーソン博士が社会科学の進歩のためには主題の具体的資料についての血の通った習熟や、これまでの大方の社会科学者たちに欠如していた経験が必要であると信じていたからである」。(Chester Irving Bernard, *Organization and Management, Chap.III,* "Introduction.", 飯野春樹監訳 , 日本バーナード協訳 ,1990,『組織と管理』文眞堂 ,1990年 ,p.52.)

(48) Cannon ,1945, *op. cit.,* p.45.

(49) Henderson, *op.cit.,* 1941-2 edition in Barber, 1975, *op. cit.,* p.58-63.

(50) 抜粋は「古代、中世、近代を問わず、あらゆる種類の文献から選ばれた。それらは事実と虚構、散文と詩、賢明なる判断、意見またはそうでない判断や意見といったものを含んでいる。またそれは、私生活、公的生活、ビジネス等の各領域における、いろいろな種類の出来事を選んで提示して」おり、その選択は「人々の相互作用における、もっとも一般的な斉一性のいくつかを説明する目的に従って決定された」。(Henderson, *op. cit.,* 1941-2 edition in Barber., 1975, *op. cit.,* p.63.)

(51) ゲスト講師として招かれ、講義を行った人々は次の通りである。それは彼

の多彩な人脈を如実に物語っている。(Barber, Bernard, 1975, *op. cit.*, p.41.)
Crane Brinton(歴史学者) フランス革命における不条理な立法の変遷
George Homans(社会学者) 13世紀イギリスの農村
Elton George Mayo(心理学者) ペンシルベニア工場における作業の組織化
Conrad George Arensberg(人類学者) アイルランド農民の生活構造
Thomas North Whitehead(社会学者) ホーソーン・リサーチ(Whitehead, A.N の息子)
Arther Darby Nock(宗教学者) 宗教社会学におけるいくつかのトピックス
Lawrence Lawell(ハーバード大学総長) イギリス議会システムの発展
Fritz J. Roethlisberger(社会心理学者) ホーソーン・リサーチ
Melvin Copeland(ハーバード・ビジネス・スクール教授) 工場プラントにおける経営者の権威
Wallace Brett Donham(同上) 1917年における路面電車労働者たちの組合化
Eliot D. Capple(人類学者) ヤンキーシティにおける社会的相互作用
Pendleton Herring(政治学者) 国家予算の均衡化計画
Dr.Monsell(精神分析医) 若者のノイローゼに関する事例研究
David Dill(生化学者) 高温での人間の労働に関する生理学的、社会的研究
Ross McFarland(社会学者) アメリカへのイタリア移民の同化
Roger Lee(医師) 病気の社会的，心理的側面について
Arlie V. Bock(医師) 若手医師のトレーニング
Charles Jesse Bullock(ビジネス・スクール教授) 課税可能な財産の再評価政策
Talcott Parsons(社会学者) 医療についての社会的諸側面
Clyde Kluckhohn(人類学者) ナホバインディアン
Nathen Issacs(ビジネス・スクール教授) 1930年代の農業立法
Chester Irving Barnard(実業家) 1930年代ニュージャージーにおける失業者の暴動
Dr.Reynold(医師) 病気の社会的原因
E.B.Wilson(経済学者) 国家資源委員会における科学委員としての活動について
Dean Fox(ビジネス・スクール教授) 学生の行動についての社会-心理学的側面

(52) パートIは次のような構成をとっていた。Preface, Chapter Ⅰ: Procedure in a Science, Chapter Ⅱ: The Social System, Chapter Ⅲ: The use of the Conceptual Scheme, Chapter Ⅳ: An Essay in the Interpretation of a Future of our Times. および往復書簡と短い論文からなる付録(佐々木恒夫,1975, 前掲書, p.143.)。だが B. バーバー編集による *L.J.Henderson, On the Social System: Selected Writings,* に収められた"Sociology 23 Lectures"には Chapter Ⅳ と往復書簡および付録が欠落している。
(53) Henderson, *op. cit.,* 1941-2 edition in Barber,1975, op. cit, p.106.
(54) ヘンダーソンはパレートの社会システムに関して「もし彼が社会システムの変数をもっと巧妙に選択していたなら、矛盾は最小限に抑えることができ

たであろう」と述べており、また残基の分類に関しても「(残基の) ⅠとⅡは彼の目的によく役立っているが、それ以外は諸事実を有効に分類するための標識を提供するが、その他の目的にはほとんど役立たない」と厳しく批判している。(Henderson, 1937, 前掲訳書 ,p.79,99.)

(55) Henderson, *op. cit.,* 1941-2 edition in Barber, 1975, *op. cit.,* p.98,147.
(56) *Ibid.,* p.110.
(57) *Ibid.,* p.59.
(58) *Ibid.,* p.61.
(59) *Ibid.,* p.80.
(60) *Ibid.,* p.83.
(61) *Ibid.,* p.82.
(62) *Ibid.,* p.80.
(63) Barber, 1975, *op. cit.,* p.17.
(64) Wolf, W.B., 1973, 前掲訳書 , p.73.

4章 パーソンズによるパレートとヘンダーソンの継承

1 ヘンダーソンの影響の経路と範囲

　科学哲学者として、そしてパレートの紹介者として、ヘンダーソンは1930年代のハーバードの社会科学者たちにさまざまな影響を及ぼした。とりわけ社会学では間接的な影響であったにもかかわらず、その影響はT.パーソンズによって増幅され、社会システム、相互依存、均衡、概念図式といった概念とともに定着した。パーソンズに対するヘンダーソンの影響を明らかにするまえに、ヘンダーソンがハーバードを中心とした社会科学者たちに与えた影響の経路と、その範囲について述べておくことにしよう。

　B.バーバーによれば[1]、ヘンダーソンが影響を与えた第1の経路は、同僚や後輩とのインフォーマルな接触である。彼らのほとんどはハーバード大学の同僚や学生であるが、彼らのうちとりわけ大きな影響を受けたのはG.C.ホーマンズとT.パーソンズ、歴史学者のC.ブリントンや『経営者の役割』で有名なC.I.バーナードといった人々である。またウエスタン・エレクトロニック・カンパニーで行われた、いわゆるホーソーン実験に関与したG.E.メーヨー、トーマス・ノース・ホワイトヘッド（Thomas North Whitehead：1891-?）、フリッツ・ジュールズ・レスリスバーガー（Fritz Jules Roethlisberger：1898-1974）などもここに含まれよう[2]。ヘンダーソンの第2の影響経路は、ザ・ソサイアティ・オブ・フェロウズ（The Society of Fellows）である。ソサイアティ・オブ・フェロウズとはケンブリッジ大学トリニティイ・カレッジのプライズ・フェロウをモデルとしたもので、20～30歳の若い研究者に宿舎と俸給を与え、自由に研究をさせる一種の研究者養成制度であった。ソサイアティ・オブ・フェロウズの創設を強力に推進したのは、ヘンダーソンとハーバード大学総長のA.L.ローゥエルである。

彼らはともに大学院教育に、とりわけPh.D.プログラムに不満を持っていた。彼らには、Ph.D.プログラムは二流の人材から有能な人材を大量に生産する理想的な方法ではあるが、創造的人材を育成するには不適であり、とくに学位取得のために必要な履修条件が若い優れた研究者に過重な負担を課し、彼らの生涯でもっとも生産的な時期を損なっているように思われた。数少ない独創的な天才に対しては、これとは別の教育および研究体制が与えられねばならない。これがソサイアティ創設の動機であった。

ソサイアティの運営方式はヘンダーソンを中心として、ケンブリッジ大学のプライズ・フェロウであった哲学者A.N.ホワイトヘッド、当時、英国に滞在していた英語学者のジョン・リヴィングストン・ロウズ（John Livingston Lowes : 1867-1945）、そしてヘンダーソンの友人でハーバード大学の理事でもあった法律家のC.P.カーチス・ジュニア（C.P.Curtis Jr.）の4人が全体の構想を練った。そしてヘンダーソンは1933年の設立から1942年に死去するまで同ソサイアティの初代議長を勤め、万事を取り仕切った。

ソサイアティ・オブ・フェロウズは、ソサイアティの管理運営とジュニア・フェロウの選考を主な任務とする7人のシニア・フェロウズ（1939年からは9人）とそれぞれの関心に従って自由に研究を進める24人のジュニア・フェロウズで構成されていた。ジュニア・フェロウは20～30歳のアメリカの大学の卒業生から選ばれ、3年から6年の間、宿舎と食事および給与を与えられ、自由に研究に専念することが保証された。彼らはハーバード大学のすべての講義とゼミナール、研究活動に参加することが許されており、どのような学問上の義務も課されることはなかった。唯一の義務および制限は、毎週月曜日、シニア・フェロウとジュニア・フェロウ全員でとる晩餐に出席せねばならないことと、フェロウに採用されている期間はいかなる学位の候補者にもなることができないということだけであった。

ジュニア・フェロウからは心理学者のバールース・フレデリック・スキナー（Burrhus Frederic Skinner : 1904-1990）、社会学者のG.C.ホーマンズ、W.F.ホワイト、ニール・ジョーゼフ・スメルサー（Neil Joseph Smelser : 1930-）、1965年度ノーベル化学賞受賞者ロバート・バーンズ・ウッドワード（Robert Burns Woodward : 1917-1979）、1970年度ノーベル経済

学賞受賞者P.A.サミュエルソン、歴史学者のアーサー・シュレジンジャー Jr.（Arthur Schlesinger Jr. : 1917−）、科学史家のトーマス・サミュエル・クーン（Thomas Samuel Kuhn : 1922−1996）といった優れた研究者が巣立った。ソサイアティ・オブ・フェロウズの成果は、彼らの名声と業績が雄弁に物語っている。[3]

シニア・フェロウズのメンバーのうち社会科学者はC.ブリントンだけだったこともあり、彼らに対するヘンダーソンの影響は限られたものであった。しかし彼は社会科学を専攻するジュニア・フェロウズに、とりわけ精神的支援という点で大きな影響を与えた。この経路を通して特に影響を受けたジュニア・フェロウとしてはG.C.ホーマンズとW.F.ホワイト、そして文化人類学者のコンラッド・メイナディア・アレンズバーク（Conrad Maynadier Arensberg）が挙げられる。

ヘンダーソンが影響を与えた第3の経路は彼の講義である、それは主に1932年からパレートに関する私的な研究会として始められた「パレート・ゼミナール」と、学部生のために1937年から実験的試みとして開講された「入門講座・社会学23（Sociology 23 Lectures）」という講義である。すでに述べたように、前者はC.ブリントン、B.A.デ・ボート、J.A.シュンペーター、T.パーソンズ、R.K.マートン、G.C.ホーマンズ、C.クラックホーン、H.A.マーレーなどを集めて行われ、ヘンダーソンがパレート社会学を布教する主要な場となった。後者はハーバードの学部生を対象としたものであったが、講義にはK.デーヴィスやB.バーバーといった大学院生や若干の教員が出席した。

ヘンダーソンの第4の影響経路は彼の著書と論文である。しかし社会科学に関する彼の論文のうち、社会学の専門誌に掲載されたものはひとつもないし、その数も決して多くはない。また彼の社会学に関する唯一の著書である『具体社会学入門』は、彼の死後、出版のために編集し、序文を書いたC.I.バーナードの献身的な努力にもかかわらず、それを読んだ社会学関係者たちの低い評価のため出版には至らなかった。さらにパレートの紹介を目的とする『パレートの一般社会学』も多くの読者を獲得することなく絶版となってしまったことを考えると、この経路を媒介とした彼の影響力はきわめて限定されたものであったと言えよう。だがこれらの著書・論文のいくつか

は彼の同僚、とりわけパーソンズによってその重要性が示唆された結果、次世代の社会学者の広く知るところとなった。

2 パーソンズに対するヘンダーソンの社会的－精神的支援

　パーソンズに対するヘンダーソンの影響を検討する際に、われわれは次の事実に留意せねばならない。第1に、ある特定の概念なり方法なりに明らかに影響関係が見いだせる場合でも、それらは多くの場合、複数の異なった知的源泉をもつということである。例えばパーソンズの社会システム概念にはヘンダーソン、パレートの他、キャノン、古典派経済学、機能主義人類学、さらにはホワイトヘッドの有機体の哲学までが影響を及ぼしたとされている。[4] 従ってここではそれらの影響のうち、相対的な意味でヘンダーソンの影響がより顕著に見いだされる部分に注目し、両者の議論を比較検討するにとどめる。

　第2に、ヘンダーソンがパーソンズに与えた実質的で知的な事柄に関する影響と、彼がパーソンズに与えた社会的－精神的支援とを区別せねばならない。B.バーバーが指摘しているように、これらの二つが同時に与えられた場合、被影響者はその影響関係を強く肯定するだろう。しかし単に知的影響を受けただけで、社会的－精神的支援を受けなかった場合には、あまり知的影響を認めたがらないかもしれない。[5]

　著名な社会学者のうち、知的影響を受けたのみならず社会－精神的支援をも与えられたのはG.C.ホーマンズ[6]とT.パーソンズであろう。主に社会－精神的支援を与えられた者としてはW.F.ホワイト[7]を、特に親しくつきあうこともなく、単に知的に影響を受けた者としては当時、特別研究員であったR.K.マートンや大学院生であったK.デーヴィスを挙げることができるだろう。

　それでは上記の指針に従って、パーソンズに対するL.J.ヘンダーソンの知的影響を検討するまえに、彼がパーソンズに与えた社会的－精神的支援について述べておくことにしよう。パーソンズが彼の著書においてヘンダーソン

から受けた社会-精神的支援について述べている箇所を検討してみれば、それらは ①パーソンズの昇進をめぐる職業上の支援、②『社会的行為の構造』の草稿を批判的に検討するために開かれた個人的な会合、③医療社会学の研究に関するアドバイスと便宜の3つに集約されるだろう。

2.1 職業上の地位をめぐる支援

1927年の秋、母校アムハースト・カレッジの経済学科の講師からハーバード大学の経済学科に、さらに1931年、社会学科の新設とともに同学科の講師として迎えられたパーソンズは、そこで5年間も講師の地位に据えおかれた。そのような処遇は人事のシステムが出来上がっていなかった当時でさえ異例のことであったとパーソンズは回想している。彼がようやく助教授の地位についたのは1936年のことであるが、その昇進は学科長のP.ソローキンの意向によるものではなく、エドゥン・フランシス・ガイ(Edwin Francis Gay)、E.B.ウイルソン (Edwin Bidwell Wilson: 1879-1964)、そしてL.J.ヘンダーソンの後押しによるものであったという。

さらに決定的な出来事が1937年、パーソンズがウイスコンシン州立大学から教授として招聘されたとき起こった。このときパーソンズはもっとも頼りにしていたガイが、前の年、定年を迎えカリフォルニアに行っていたので、ヘンダーソンのところへ行き、自らの進退について相談した。ヘンダーソンはこの問題を直接コナント学長 (James Bryant Conant : 1893-1978) のところへ持ってゆき、そこでパーソンズが現在就いている助教授職の二期目の留任と、二年後の終身在職資格を伴った准教授昇進を約束させたのであった。その結果、パーソンズはハーバードにとどまり、学究としての生涯をここで過ごすことになったのである。その後、ハーバードを拠点として数多くの優れた同僚や学生を集め、彼らとの共同研究によって一つの学派を形成するに至った経緯を振返るとき、職業上の地位を巡ってヘンダーソンが与えた支援は、いわゆる「構造-機能学派」にとって決定的に重要な出来事であった。[8]

2.2 『社会的行為の構造』の草稿をめぐる個人的会合

パーソンズはハーバード大学の同僚としてヘンダーソンを知ってはいたが、彼と合流したのは1932年にヘンダーソンが開始した「パレート・セミナー」においてであった。すでにパーソンズはシュンペーターの示唆を受けてパレートに関する研究を始めており、1932年には「パレートと実証主義社会学の諸問題」という論文を完成させていた。(9)だが彼らが通常の限られた応答ではなく、かなり親密なつきあいを始めたのは、上述の助教授への昇進およびその後の任用をめぐって、『社会的行為の構造』の第1次草稿がヘンダーソンに差し向けられて以来のことである。すでにパレートをめぐる論争が始まっており、パレート擁護の論客となりつつあったヘンダーソンは、パレートに関する当時の二次文献とは比較にならない詳細さと洞察を含むパーソンズのパレート解釈に強く印象づけられ、パーソンズと親しく接するようになった。そしてヘンダーソンは彼の家にパーソンズを招き、週2回、2時間ずつ約3カ月にわたって、この草稿を一節ずつ批判的に検討してゆくという、2人だけの私的な会合を始めたのである。このことはパーソンズにとっても、なみなみならぬ経験であり、ヘンダーソンとの討論によって多くの重要な改訂が、とりわけ科学方法論とパレートの業績の解釈をめぐる改訂がなされた。パーソンズによれば、この討論が必要であることを気づかせてくれた改訂を終えるのに約1年を要したという。(10)

2.3 医療社会学の研究をめぐって

1936年頃、すでに『社会的行為の構造』の草稿を書き上げていたパーソンズは、新たな研究領域へと踏み出した。それは『社会的行為の構造』で展開した行為の概念図式と、博士論文以来の関心である「資本主義の性格」を結びつけたものであり、具体的に言えば「セルフ・インタレスト」の公準に関する問題であった。

従来、英米の経済学に関する議論においては、行為者による「自己利益の合理的追求」という公準が自明のものとして前提されており、とりわけマルクスとその伝統を受けついだ人たちは産業社会をセルフ・インタレストという概念によって特徴づけ、営利企業をセルフ・インタレスト追求の典型的単

位として扱う傾向があった。それに対しパーソンズは、近代産業社会において重要性を増しつつある専門職というカテゴリーを対置した。資本主義社会において専門職は私的営為でありながら、クライエントに対しては非営利的かつ公平無私(disinterestedness)な態度で接する傾向を強くとどめている。もし近代産業社会がセルフ・インタレストの合理的追求によって特徴づけられるなら、明らかにそれと矛盾する専門職が、資本主義の繁栄とともにますます重要性を増しつつあるという事態はいかに説明されるのか。このことが彼の根本的な問題意識であった。

　この問題の解明にむけて、パーソンズは専門職の研究に乗り出したのであるが、そこで選択されたフィールドが医療専門職であった。彼はほかならぬ医師自身が、この医療専門職をどのように考えているのかを明らかにするために、参与観察によって医療の現場を観察しながら、専門別医療の各種タイプを代表するように選定された、かなりの数の医師にインタビューを試みた[11]。

　ところで数ある専門職のうちなぜ医師が選択されたのだろう。パーソンズによれば、彼自身カレッジに入学した当時、医学の研究を志していたこと、彼の兄と義父が医師であったことなどを動機として挙げているが、それに加えて彼自身が援助を求めたL.J.ヘンダーソン、そしてその友人であったG.E.メーヨー、W.B.キャノンがいずれも医学と深いつながりをもっていたことが決定的であった[12]。

　とりわけヘンダーソンは、1935年に「社会システムとしての医者と患者(Physician and Patient as a Social System)」という注目すべき論文を書いており、そこで彼の医学的関心と社会学的関心とを結びつけていた。パーソンズは医療社会学の研究計画について彼らと相談したが、わけてもヘンダーソンは「医療活動に関する研究の全分野にわたって、私のもっとも重要な相談相手の一人であった」と回想している。具体的経験的調査を重視するアメリカにあって、絶えずそのプレッシャーにさらされ、しかも厳格な実証主義を標榜し、現場に習熟した実務家を高く評価するヘンダーソンに援助を求めたパーソンズにとって、医療専門職の実証的調査・研究は、自己の将来をも左右しかねない要素を含んでいた[13]。

パーソンズはこの調査を、主にマサチューセッツ総合病院で行った。(14) この病院はハーバード大学医学部と特別の関係を有しており、かつてヘンダーソンが1913年-15年にかけて、同病院の研究員であったW.パルマーとアシドーシスに関する共同研究を行った病院であり、1916年には腎臓病の臨床的研究を、さらに1920年にA.ボックと血液に関する共同研究を実施した病院である。恐らくヘンダーソンは同病院と深いつながりを持っており、パーソンズのフィールド・ワークにも何らかの便宜を与えたに違いない。

3 パーソンズに対するヘンダーソンの知的影響

3.1 科学方法論：分析的実在主義

パーソンズの方法論的立場は「分析的実在主義」(Analytical Realism)」と呼ばれる。自伝によれば、彼はこの立場にM.ウェーバーの「理念型(Ideal-Type)」の考察を含む学問論、L.J.ヘンダーソンの「事実と概念図式についての陳述」、そしてA.N.ホワイトヘッドの「具体性置き違えの誤謬(Fallacy of Misplaced Concreteness)」を含む『科学と近代世界(Sciences and modern World, 1925)』を経由して到達したという。(15)

「分析的実在主義」とは、基本的に理論を構成する諸概念の「分析的抽象性」と、概念に対応する具体的事象の「実在性」という2つの異なった要請を結びあわせたものである。このうち概念の分析的抽象性は「経験主義」批判から、概念の実在性はM.ウェーバーの「理念型」批判より導かれたものである。以下、分析的実在主義に含まれる要請を精密に把握するため、しばしパーソンズの議論をたどってみることにしよう。(16)

パーソンズによれば経験主義には ①実証主義的経験主義 ②個別主義的経験主義 ③直感主義的経験主義の3つのタイプが存在する。第1に実証主義的経験主義とは、抽象的な一般概念の重要性を認めるものの、具体的事象の一部分を抽象化することによって得られた概念を具体的事象そのものと取り違え、これを実体化する傾向が著しい立場をさす。具体的には『科学と近代世界』のなかでホワイトヘッドが痛烈に批判した機械論的な近代科学、とりわ

け古典力学や功利主義思想に基づいて展開された古典派経済学がそれにあたる[17]。このタイプの経験主義は、いわゆる「具体性置き違えの誤謬」を犯すことによって、抽象的な概念に不当な具体性を与え、結果として信じがたいほど歪曲された世界像を現前させる過ちを犯した。

次に個別主義的経験主義と呼ばれるものは、「ヒュームの懐疑主義に対応する方法論的立場」[18]で、認識は感覚・知覚器官を通して得られた印象の累積により成立すると考える極端な経験主義をさす。この立場は主観の側での一般的範疇（category）や枠組（frame）による経験の秩序づけ、すなわち認識の主観的構成を認めず、認識の成立根拠を経験にのみ求める。そこから「事象は観察され記述され、時間の経過のなかで位置づけられるにすぎない」と考えられ[19]、しかもそのようにして得られた知識が唯一客観的な知識とみなされる。言うまでもなくこのようなタイプの経験主義は、認識の成立根拠とされる経験そのものが、なんらかの一般的諸概念を前提としなければ成立しないことを見落している。一般的諸概念の否定は、認識とはほど遠い単なる印象のモザイクを帰結し、結果的に理論化への道を閉ざすという点で受容されえない。

最後に直観主義的経験主義とは、社会科学的認識の目標は自然科学のような普遍的法則の認識ではなく、個々の歴史的事象の個性を把握することにあると考えることから、「社会科学の領域において概念的要素の存在を許容するが、その概念の個性的性格」を強調し、具体的な「現象を分解して何らかの一般概念に包摂するような試みは個性を破壊する企てである」として、概念の分析的抽象性を否定する立場を言う[20]。このような立場は、広い範囲の具体的現象に適用可能な一般理論の構築に関心を寄せる「分析的諸科学」の論理としてはまったく不当であるのみならず、知識の妥当性の証明に必要な一般的、理論的諸概念を欠くという点で、特殊な具体的事象の因果関係の理解をめざす「歴史的諸科学」の論理としても妥当性を欠くとパーソンズは批判した[21]。

ウェーバーもまたパーソンズに先立ち経験主義を批判した。彼はドイツ歴史学派の影響下にあったことから、主に歴史性をもたない人間行為についての研究は、個別的な事象の記述に自己を限定すべきであるとの要請や、人間

的事象の把握において前提とされる本質直観的理解の方法を批判し、歴史的説明のあらゆる論証可能な判断は一般的、理論的諸概念なしには不可能であり、意味知覚の直接的明証性と、それに基づく本質直観的理解の方法によって得られた知識は、理論的諸概念の合理的に首尾一貫した体系と関係づけられなければ妥当性を獲得しえないと主張した。

これによってウェーバーは、経験主義において見失われた、認識における抽象的一般概念の重要性を認識させることに大きく貢献した。だがパーソンズによれば、ウェーバーは次の一点で重大な誤りを犯した。すなわち彼は「概念を実在の反映とは考えずにむしろ『有用な虚構』とみなす」立場を取ったのである。これに対しパーソンズは、「科学の一般概念のいくつかのものは決して虚構ではなく、客観的な外的世界の諸側面を適切に把握することができる」として、概念は有用な虚構であるとするウェーバーの主張に反対し、科学的概念の実在との対応性を主張する「概念実在論（Begriffs Realisms）」の立場をとった。

以上の3つの経験主義批判とウェーバーの理念型批判から、われわれは次のような要請を看取する。すなわち第1に、実証主義的経験主義における分析的概念の実体化に対する批判から、「科学的認識および概念は抽象的である」とする「抽象主義」の要請を、第2に、個別主義的経験主義における認識論的経験論の批判から、「科学的認識は主観において合理的に構成された、一般概念による経験的データの秩序づけによって成立する」という「構成主義」の要請を、第3に、直観主義的経験主義における科学的認識の個別具体性批判から、「科学的認識および概念は普遍的である」とする「普遍主義」の要請を、そして最後にウェーバーの理念型論において主張された概念の虚構性に対する批判から、科学的概念は実在との対応を有するという「概念実在論」の要請である。

こうしてたどりついた分析的実在主義の立場は、具体的に次のように定義できるだろう。「理論や概念は本質的に抽象的であり、いかに総合しようとも決して具体的現実そのものの反映とはなりえない。したがって、そのままの形では経験的実在のなかにその対応物を見いだすことはできないが、それは決して概念が現実の恣意的な歪曲であったり、単なる虚構であったりする

ことを意味するものではない。科学的理論や概念は実在の諸側面を適切に把握しうるものであり、具体的な事象から分析的に分離された諸要素との部分的対応という限定された形ではあるが、実在との対応を有する」。

すでに述べたように分析的実在主義は、科学的概念の「分析的抽象性」を強調する立場と、それらの概念の「実在性」の主張とを結びつけたものである。ここで前者は、われわれの思惟や体験を秩序づける概念は抽象的なものであるか、それとも個別具体的なものであるかという「概念化の方法」の次元に関わり、後者は、それらの概念は実在との対応性を持つか、それとも単なる虚構であるかという「存在論」の次元と関わる議論である。

しかもパーソンズにおいて、後者の「実在論(実念論) – 唯名論」という存在論の次元での選択は、われわれの思惟や観念から独立した客観的世界が実在するか、それとも現実とは単にわれわれの意識の所産であるかという、「認識論」的な意味での「実在論 – 観念論」における選択を含んでいる。[24]以上のように、パーソンズの分析的実在主義には、明らかに(概念化に関する)方法論・存在論・認識論という異なったカテゴリーに属する議論が含まれている。恐らくこれらの異なったカテゴリーの議論を同一平面で展開したことが、彼の認識論、方法論的立場の明瞭な理解を妨げた最大の原因であろう。もしパーソンズがこれらを明確に区別し、個別に議論を展開していたなら、彼の立場は容易に理解されていたにちがいない。[25]

ここでわれわれは、以上のようなパーソンズの立場とヘンダーソンのそれとの比較に進むまえに、分析的実在主義という命名が示唆するさらなる含意に留意せねばならない。すなわち、単に概念が抽象的で普遍的であるというだけなら理念型も同様である。だが理念型は有益な「虚構」であり、他方、分析的概念は「実在」と対応するものと主張される。この相違は何に由来するのであろうか。結論を先取りして言えば、この概念の実在性を保証するものこそ、概念の「分析的特性」なのである。

パーソンズによれば、理念型が虚構である最大の原因は、それが「(部)類」概念をメタ理論として構成された「類型」概念であることに由来する。[26]論理学的に言えば、「類」概念は「種」から「個」へ特殊化される普遍概念であり、逆に言えば、「種」や「個」は「類」の外延を構成する関係にある。したがって、

もし理念型が「類」概念であるとすれば、その特殊的要素（すなわち理念型の実質的内容）は、類型の外延にあたる「具体的実体」で構成されねばならない。例えば「カリスマ的支配」という類型の特殊的要素は、ヒトラーの第三帝国支配や、ある教祖による教団支配といった具体的事例で構成される。だがこのとき、これらの事例をもとにして構成された理念型は、事例の多様な属性から特定の観点を価値関心に従って一面的に選択し、それを論理適合的に整合化することによって構成した「仮説的実体」であるがゆえに、理念型と一致する事態そのものを現実に見出すことはできない。すなわち理念型は具体的事例に適用し、その偏差によって事例の個性を認識することを目的とする概念であり、それによって事例の具体的属性を記述することはできない。

それに対して「分析的概念」は類概念ではなく、現象の具体的属性あるいは性質を抽象化した概念である[27]。従って分析的概念の特殊的要素は、「ある対象のある属性に関する具体的な値」で構成されるのであり、何らかの実体を値とすることはない。例えば太陽の「質量」という場合、それによって記述されるのは、太陽の具体的な質量の値であり、太陽という実体ではない。分析的概念は具体的事例を、ある属性に即して適切に記述するという意味で「実在と対応する」のである。

3.2 事実と概念図式

それでは次にパーソンズの分析的実在主義に影響を与えたという、ヘンダーソンの「事実と概念図式についての陳述」の内包を明らかにし、両者の並行性を検討してみることにしよう。

「事実とは概念図式を用いてなされた現象に関する経験的に検証可能な言明」[28]であるという陳述には、次のような主張が含意されている。第1にこの陳述は、「事実とは現象そのものではなく、観察者の概念図式に基づいて選択的に知覚され、かつ述べられた現象についての命題である」という、事実の ①主観的構成性と ②抽象性が含意されている。概念図式とはわれわれの認識目的にとって有意味な要素を選択的に知覚し、分節化することを可能とする準拠枠組であり、われわれはこの抽象化されパターン化された知の枠組によって、無定形な体験を何らかの意味を担ったまとまりへと（主観的に）

構成し、事実として呈示する。この過程において、われわれはこの「事実」を何らかの記号を用いて分節化するのであるが、すでに述べたように、その分節化は概念図式に基づく「選択的」表象であるがゆえに、必然的にこの事実においては言及されない多くの側面の捨象を伴う。このような概念図式に基づく選択的知覚および記号的表象化という意味において、「事実」は本来的に抽象的な性質をもつ。

第2に、この陳述は「事実は経験的に検証可能な言明である」とする ③実証性の要請と、したがって「事実とは、われわれの思惟や観念とは独立に存在する実在についての言明である」とする、認識論的 ④実在論を含意する。まず事実言明の実証性についてであるが、この要請は、ヘンダーソンがH.ポアンカレに言及しつつ述べたところの、「概念図式の規約性」[29]と対をなすものとして理解されねばならない。すなわちヘンダーソンにとって概念図式は、「実際の分析に有効である」という基準に基づいて恣意的に構成されうるものであり、有効性が確認されなければ修正または廃棄されるべきものである。この規約性は自由な理論構成を保障するという点では有益であるが、同時に「規約の恣意性」、すなわち「有効である」という理由でもって、無数の恣意的な概念図式が乱立する可能性を生じさせる。ヘンダーソンによる、規約性を前提としたうえでの実証性の要請は、彼が、理論や概念の恣意的構成を認めることで理論の創造性を確保しつつ、他方、検証可能性という限定を加えることで規約の恣意性を制限しようとする、「より洗練された帰納主義」の立場をとっていたことを示している。

3.3 ヘンダーソンと分析的実在主義

以上、「事実と概念図式に関する陳述」が含意する ①抽象主義 ②構成主義 ③実証主義 ④実在論という4つの要請を、パーソンズはすべて共有する。恐らくヘンダーソンのこの陳述がパーソンズに与えた最も重要な影響は、「理論の分析的抽象性」をあらためて自覚させたことであろう[30]。パーソンズによれば、ウェーバーは体験（Erleben）と認識（Erkennen）とを区別し、体験は一般的諸概念に関係づけられてはじめて経験となるものであること、したがって経験はそれ自体、決して「生のもの」ではありえず、概念図式によっ

て選択的に知覚され、ひとつの意味をもったまとまりとして構成されたものであることを正しく指摘した。[31]にもかかわらず彼は認識の対象となる経験の価値関心による選択という観念にとらわれ、結果として、経験それ自体が一般的な概念図式によって決定されているという事実をじゅうぶんに強調しえなかった。[32]

これに対しヘンダーソンは、われわれが「事実」として呈示するあらゆる観察結果は現象そのものではなく、観察者の概念図式に従って主観的に構成されたものであることをくりかえし強調した。単に認識の主観的構成というだけなら、哲学者イマーヌエル・カント (Immanuel Kant : 1724-1804) の議論ですべては尽くされよう。だがヘンダーソンにおいては、体験を整序し、事実として呈示することを可能とする主観的カテゴリーやフレームは、カントのように先天的な形式として備っているものではなく、それ自体、観察者の主観において恣意的に構成され、場合によっては修正もしくは廃棄されうる仮設的概念として捉えられている。前章で述べたように、ヘンダーソンにおいては、規約的な概念図式を何かある形而上学的実在の記述と考えることは不当であり、そのような試みは、まさに概念を実体化する危険をはらむものと考えられたのであった。[33]

それでは次に、この陳述に含まれる「実証主義と実在論」の要請がパーソンズの分析的実在主義に対して持つ意味を考察してみよう。

一般に、パーソンズの方法論が論じられる場合、論者はパーソンズ理論の高度な抽象性に注意を奪われ、結果として概念の分析的抽象性に関する妥当性にのみ注目する傾向がある。しかしながら、ほんらい分析的実在主義の根幹は実在論にこそ求められるべきなのである。世界は我々の思惟や観念に還元されえないそれ独自の実在である。概念はそれを把握するための道具にすぎず、実在そのものを創造する要因ではありえない。「分析的」という形容詞が概念の抽象性を、さらにはその虚構性を連想させるがゆえに、「実在主義」という用語との接続に不自然さを感じるが、ウェーバーの理念型批判で明らかなように、この立場に唯名論的なニュアンスは微塵も含まれていない。むしろ「分析的」という形容詞は、ホワイトヘッドの「極度の抽象は具体的事実についての、われわれの思考を統御するための絶好の武器であるという逆

説」としてポジティブに読まれるべきなのである。[34]

3.4 分析的実在主義の問題

このような実在論の強調は、明らかに自然科学的認識論・方法論をモデルとした結果である。論理的側面における社会科学と自然科学の区分を認めないパーソンズにあっては、単に「科学」を前提とした立場であると言えようか。[35]「この『社会的行為の理論』は経験科学のひとつの理論である」という言明に明らかなように、パーソンズは彼の行為理論を、そして社会学を科学として基礎づけようとした。[36]

くりかえし述べてきたように、(自然)科学は実在論を前提とする。すなわち概念は必ずその指示物を有するものと前提する。もし指示物の存在が何らかの方法で確認されないならば、理論や概念は単なる仮説にとどまるかまたは形而上学的思弁として退けられてしまうだろう。

対照的に哲学や宗教といった形而上学の場合、概念は必ずしも経験的対応物を持つ必要はない。例えば「神」という宗教的概念は、共同体のメンバーによって共同主観化され、主観的実在性を確保すればじゅうぶんである。なぜなら、それらは科学的概念のように認識を指向するものではなく、評価を第一義的に指向する概念であるからだ。つまり宗教的信念における「神」という記号は、信者に内面化され人々の心理的緊張を緩和したり、共同体の統合に寄与したりすることが重要なのであって、「神の実在の確認」は信仰を強化するという二義的な意味しか持たない。

だが社会学の諸概念はどうであるか。社会学が科学であることを強調するならば、上に述べた理由でわれわれは実在論を採用せねばならない。科学にこだわるパーソンズは、明らかに実在論の立場をとった。彼は社会の実在性について、しばしばデュルケームの「社会はそれ〈独自の実在〉(a reality sui generis)である」という言明を引用する。[37]

デュルケームが「社会を物のように観察する」と述べた時、そこには、社会的事実は物のような実体性〈感覚的知覚によって認知される性質〉を持たず、「外在化された集合意識による個人の意識や行動の拘束」という事実においてのみ存在が確認されるとの意味が含まれていた。しかしそれは同時に

そのような形においてではあれ、われわれの意識や行動を拘束する何かが実在することを強調する視点をも含んでいた。その何かを彼は「集合意識」と呼んだが、その実在を前提とするという意味で彼は実在論者である。[38]

デュルケームと比較するとウェーバーには「実在としての社会」という視点が前面に出てこない。方法論的個人主義と呼ばれる行為還元論的見解を示すウェーバーにあって、国家のような社会的集団は「或る人々が、国家は存在するものである、いや、法律的秩序が効力を持つのと同じ意味で存在すべきであるという観念に自分たちの行為を従わせているお陰で、人間の特殊な共同行為のコンプレックスとして存在」するのであり、われわれが主観的にその実在を信じないかぎり存在しえないものである。[39]すなわち彼にとっては、人間の絶えざる意味づけとその共同主観化こそが、社会的客体を存在せしめる第一義的な条件なのである。

ピーター・ルードウィヒ・バーガー（Peter Ludwig Berger：1929- ）はそれを社会現象の「主観的基礎」と呼んだが、[40]ここに社会学において観念論が生き残る余地がある。すなわち社会学の認識対象である「社会的事実」は先天的に備っている身体的な感覚および知覚能力、すなわち丸山圭三郎の言葉でいえば〈身分け構造〉によって把握されるものではなく、言語による主観的規定〈言分け〉によって現前する存在だからである。[41]

もちろん自然科学の対象としての自然的客体の場合も、言語的な分節化によってわれわれの主観に現前するのではあるが、それは言語的分節化以前に実在すると前提される客体に、概念が適切な規定を与えた結果、われわれの意識にとらえられるようになったという意味での現前である。それに対し社会的客体の様相は、われわれの言語的規定および意味づけによって大きく変化する。極端な観念論の立場に立てば、社会はラング〈諸民族に特有の言語で規定された人間関係についての規約〉にすぎないものとして、単なるコトバに還元する見解さえ引き出せよう。[42]

しかし実在論の立場をとる限り、この言語的分節化の恣意性と、それに伴う客体の様相の変化という問題は回避される。なぜならパーソンズの言葉で言えば、われわれの主観において構成した論理的秩序（logical order）以前に、実在そのものの事実的秩序（real order）が厳然と存在し（＝実在の認識に対

する先行)、前者は後者を反映するという意味で無限の多様性を示すことはありえないと考えられるからである。

　以上のように実在論は、一般に概念を、それに先立って存在している実在に適切な名称と意味内容の規定を与える、単なる「命名目録」と考える伝統的な記号観に立つ。しかしながらこの立場は、必然的に「言語的分節化による指向対象の創造」という視点、すなわち「社会的事実に関する我々の主観的な概念化が、同時に社会的事実を創造する(＝認識と実在の同時性)」という視点を背後に追いやってしまう。パーソンズの概念図式論は、認識対象の性質と範囲が概念図式によって規定されることを正しく指摘しているが、それは、あくまでも「観察者が概念図式を構成する以前に存在している」社会的客体を把握するための図式であって、存在論的な意味で「認識の対象を積極的に創造する」ものではない。

　「概念の意味を変更する」ことや「視点をずらす」ことで「今まで見えなかったものが見えてくる」という場合、それは「隠れていたものに光をあてる」という意味ではなく、「見慣れたものが、新しい意味を担って、まったく異なったものとして見えるようになった」ということであろう。すなわち視点そのものが客体を創造するのである。だが、自然科学的実在論をとるパーソンズの分析的実在主義においては、所与の社会的事実の解読(コードに照らしてテクストの一義的な意味を探ること)に限定され、解釈(コードを自由に創造し、テクストをふくらませながら創造的に読むこと)はなしえない。したがって、社会学のひとつの課題である「自明的意味世界の相対化」、すなわち社会的事象を意味付与的に解釈することで既存の解釈を相対化し、その自明性を問い返すことによって社会的意味世界の再活性化をはかる知識社会学的視点が抜け落ちる。いわゆる意味学派(現象学的社会学・象徴的相互作用論・エスノメソドロジー)によるパーソンズ批判は、なによりもこの文脈において読まれねばならない。

3.5　概念図式と理論の関係

　以上、ヘンダーソンを導きの糸として、パーソンズの方法論的基底としての分析的実在主義の含意を精確に把握する作業を進めてきた。最後に、「概

念図式と理論」の関係について整理しておくことにしよう。というのも、この両者を明確に区別せずに、両者を互換的に使用したことが、パーソンズ理論に関する誤解のひとつの源泉となってきたからである。

　パーソンズにおける理論という用語をめぐって、もっとも執拗な批判を繰り返したのはG.C.ホーマンズである。彼によれば、パーソンズは理論を単なる一般化され、論理的に関連づけられた諸概念の総体と考えており、カテゴリーの組み合わせにすぎない概念図式を「理論」として呈示した。真の理論とは「説明と予測」を可能とする検証可能な因果命題を含むものでなければならないが、そのような命題を欠き、かつ演繹することさえ不可能なパーソンズ理論は真の理論たりえない。[43]

　これに対しパーソンズは、理論とは「経験との対応をもった『一般概念』が論理的に相互に関係づけられたもの」という定義でじゅうぶんであり、科学哲学者のカール・グスタフ・ヘンペル（Carl Gustav Hempel : 1905－1997）、アーネスト・ネイゲル（Ernest Nagel : 1901－1979）、そしてG.C.ホーマンズらが主張した、「初期条件への適用により説明と予測の演繹を可能とする普遍的命題の立言集」のみを理論と考える立場を、「不必要に厳密と思える妥当性の基準」としてこれを退けた。[44]

　それではこのように定義される、パーソンズにおける意味での「理論」と「概念図式」とはいかなる関係にあるのか。パーソンズによれば、一般に理論は、相互に関係づけられた理論的命題の閉じたシステムを形成する。ここで理論的命題とは「事実に関する言明そのもの、または事実間の関係様式についての言明」であり、[45]「事実」とは、すでに述べたように「概念図式を用いてなされたところの現象についての経験的に検証可能な言明」である。[46]したがって概念図式は理論体系を構成する理論的命題を創造する手段として位置づけられる。この文脈では理論と概念図式の関係が目的－手段という関係によって区別されていることに注目しておこう。

　この概念図式には3つの主要なタイプが存在する。第1の概念図式は「記述的準拠枠」と呼ばれるもので、それは「外在的実在を選択的に秩序づけ」、[47]「説明すべき対象を定義」し、「科学的関心の対象」を形成する機能を有する。[48]だが概念図式は、分析目的に応じた外的実在の選択的秩序化にとどまるもの

ではない。それは対象を説明する目的をもって構成される場合もあり、その結果生じる第2、第3の概念図式は、「類型概念」および「分析的概念」と呼ばれる[49]。

概念図式としての類型概念および分析的概念についての明確な定義はなされていないが、それらはウェーバーの理念型と、自らの行為の準拠枠に示される分析的意義を有する概念図式を想定しているものと考えて良いだろう。パーソンズは分析的概念を「特定の事例の特定の『値』においてのみ観察しうる」、ある一般概念としての分析的要素が論理的に関係づけられたものと定義しているが[50]、それは実質的に、彼が「理論」に与えた定義に等しい。したがって、概念図式のタイプについて述べている文脈では、概念図式は理論と同じものとして語られており、なんら区別はなされていない[51]。

4 パレートの知的遺産

4.1 パレートの方法論

第1章でパレートの社会学理論を要約し考察を加えた、ここではより詳細なパレートの科学方法論について言及する[52]。というのもパレートの科学哲学、社会科学の方法論は、パーソンズが指摘するように、同時代の社会学者のなかでは卓越しており、序章で述べた通り、この方法論に対する共感がヘンダーソンをパレートの伝道者に転身させた重要な契機となったからである[53]。

繰り返し述べたようにパレートの方法論的立場は「実証主義」である。ここで実証主義とは啓蒙思想、経験論、功利主義といった立場を継承し、これらに共通する理性主義、合理主義そして反形而上学的思想を総合しつつ、すでに確立されていた自然科学の方法論に基づき社会科学を定式化せんとして登場した思想と運動を指すものとする。

発生期の社会科学は明らかに人文学ではなく自然科学をモデルとして出発した。人文学と自然科学の谷間に後発の学問として成立した社会科学が、科学として確立されるためには、まさに科学そのものであった自然科学の論理と方法を追随するほかに選択の余地が残されていなかったからである。自然

科学で確立された実証主義的思考が社会的事象にも適用されえるしまたされるべきであり、その結果獲得される実証的知識なしには産業社会としての社会進歩もありえないと主張したサン・シモン (Saint-Simon : 1798-1857) とA.コント (Auguste Comte : 1760-1825) の実証哲学はこのことを如実に物語っている。[54]

青年時代にパレートはコントの実証哲学に大きな影響を受けたとされる。[55]しかしコントは実証主義の論理とイデオロギーこそ明確に示したものの、他方、「知識の三状態の法則」や「諸学科の百科全書的階梯」といった形而上学的思想を展開し、個別的な観察や実験からいかにして一般化された理論を導くかに関する具体的方法については、ほとんど何も提示しなかった。これに対しパレートは、単に科学における経験の重要性を指摘するばかりでなく、数学や統計といった現代の実証科学に不可欠な一般化の用具を駆使して、経済学と社会学の実証科学化を実践した。

4.2 パレートの方法論と分析の準拠枠組

富永健一は実証主義を、彼が仮に古典的実証主義と呼ぶ19世紀的形態と、新実証主義と呼ぶ20世紀的形態に大別する。[56]パレートの方法論的立場が後者、すなわち論理実証主義に近いものであることはパーソンズも指摘するところであるが、[57]実際、彼の立場は実証主義が前者から後者へ変貌を遂げる過渡期の形態として把握されるべきであろう。というのも彼の方法論には、論理実証主義的特徴とともに古典的な実証主義の特徴が色濃く残されているからである。

そこで、ここでは富永によって提示された実証主義に関する六つの特徴、すなわち①認識における客観主義 ②普遍化的経験主義 ③経験と理論の二元性 ④測定とデータ処理の科学的手続きの重視 ⑤科学的一元論 ⑥科学的認識の価値・理念からの自由に準拠し、パレートの方法論を項目ごとに検討してみよう。[58]

4.2.1 認識における客観主義

第1に、実証主義は客観的でなければならない。ここで客観的とは、認識

者が誰であっても同一の結論に達するような普遍的認識が可能であるという、相互感覚性・相互主観性の確保を意味している。このような意味での客観性は、明確に定式化された手続きの遵守によって確保されると考えられるが、社会科学においてこの意味での客観性を確保することは容易なことではない。というのも理論や概念を高度に抽象化し、分析方法を単純化したとしても、実際の分析においていつも同じ結果が得られるとは限らない。自然科学において追検証が容易であるのは（ある対象にある理論と方法を適用すれば、認識主体が誰であれ同じ結果を得ることができると期待できるのは）、現象を構成する諸要素に等質性を仮定することが可能であり、それらは原因と結果を確定しうる比較的単純な法則に従って運動を繰り返していると前提できるからである。

　社会科学においても理論を高度に抽象化および一般化すれば、「同一の対象に同一の理論と方法を用いることとで、同一の結果を得る」こと、すなわち認識主体の個人差を理論と方法の遵守によって吸収することがある程度可能であるかもしれない。しかし複合性の高い社会的事象にそのような理論と方法を適用しても、自然科学と同じような水準での説明と予測を期待することはできない。パレートが展開した純粋経済学は数学を縦横無尽に駆使することで、理論体系から不確実な経験的要素を放逐する試みであった。しかし彼にしても、結局そのような方法が現実の問題には無力であり、人間の非論理的な行為に関する研究である社会学によって補われなければならないことを確認したのである[59]。

4.2.2　普遍化的経験主義

　次に実証主義は、経験的世界の説明に際し、いかなる形而上学的原理をも仮定せず、あくまでも経験的事実に基づいて仮説を設定し、その検証によって獲得された法則を用いてこれを実践せねばならない。この経験性、逆に言えば反形而上学の主張こそ古典的実証主義の時代から今日にいたるまで一貫して保持されてきた実証主義の中心テーゼにほかならない。

a) 経験への準拠

パレートにおける経験性重視の姿勢には徹底したものがある。彼は経験に基づかない議論はすべて形而上学であると断定し、ドイツ観念論の集大成であるヘーゲル哲学は言うに及ばず、かつてはパレートに影響を与えたコントやスペンサーさえも、経験的領域を超えた議論を展開したという理由で厳しく批判した。[60]

経験論の定祖と見なされるジョン・ロックは、『人間悟性論』において人間の悟性的能力はすべて経験の所産であり、生得的な能力ではないことを主張したが、パレートはさらに進んで、純粋に記号の論理的形式を扱う学問と考えられている数学でさえも他の諸科学と同じように経験に基礎づけられており、公理や定理といったものも、実は人間の長い経験によって生み出された真理にすぎないと主張した。[61]

b) 認識論的実在論

パレートが決してラディカルな経験主義者ではないにしても、彼は経験の重要性を強調するに急なあまり、経験の理論依存性、すなわち経験そのものが、われわれの主観に存する理論や概念を前提としなければ成立しないという点を明確にしえなかったように思われる。この点でウェーバーは体験と経験とを明確に区別し、体験は一般的諸概念に関係づけられてはじめて経験となること、したがって経験はそれ自体、決して生のものではありえず、概念図式によって選択的に知覚され、ひとつの意味を持ったまとまりとして構成されたものであることを正しく指摘した。[62]

パレートにおけるこの種の視点の欠如は、彼の認識論に由来する必然的結果と考えられる。というのも、パレートによれば「言葉はどのようなものであれ、われわれには何ら重要ではなく、単に事物の跡をたどるためのラベルにすぎない」のであり、[63]ゆえに、たとえ事物を指示する言葉が失われてしまったとしても、事物が言葉とともに消えてしまうわけではないと考えているからである。このような、われわれの思惟や観念からは独立して存在する事物を前提し、言語をはじめとする記号を、それらに貼りつけられる単なる符丁とみなす認識論的素朴実在論の立場からは、我々の主観的な言語的分節化

が、認識対象としての世界を創造するといった観念論的・構築主義的視点は出てこない。パレートが記号としての言語の恣意性、すなわち「記号表現と記号内容の対応の恣意性」についての議論を展開したにもかかわらず、記号の恣意性が内包する2番目の意味である、記号による「対象世界の分節化に関する恣意性」に論及しえなかった理由はここにある。

c) 存在論的実在論

パレートの記号観に関連して、もうひとつ触れておかねばならないことがある。それは理論を認識のために恣意的に構成された有益な虚構と考えたことである。パレートによれば一般的諸原理、すなわち理論は事実を描写するために考案された単なる抽象的観念であるにすぎない。したがってそれは現実のさまざまな局面を捨象することによって成立したものであるから、そのような観念と正確に対応する事象は実在しないというわけである。しかしこの論理には少々無理がある。というのも抽象化または一般化は、多かれ少なかれ、われわれが記号を用いて事物を表象するかぎり必然的に生じる現象であり、もしそのことが虚構性の根拠となるなら、理論的命題のみならず、何らかの記号で表象されるわれわれの命題は、すべて虚構であることになってしまう。

おそらくパレートが理論の虚構性を主張したのは、まず第1に、記号の意味は存在しても指示物が存在しない言葉や概念を用い、壮大な意味の構築物を創り上げる形而上学に反対する立場から、第2に、あらゆる実体概念を否定し、事象を構成する諸部分の相互関係を把握することによって、事象をより動態的かつ関数的に認識しようとする（本源的）機能主義の立場から、いわゆる「言葉による非在の現前」とその実体化を徹底して批判しようとしたからに違いない。パレートには、経済学者や社会学者は基本的にこのことを理解しておらず、今なお指示物ではなく記号そのものに第一義的な関心を払い、その意味（記号の内包）をめぐる（形而上学的）議論に没頭しているように思われた。言葉ではなく事象そのものに関心を払うこと、これこそ社会科学が形而上学を払拭し、実証科学化するために断行せねばならない第一歩であるとパレートは考えていたのである。

d) 経験から理論へ

パレートにとって科学とは、基本的に仮説→検証→演繹という過程の反復と考えられていた。これらの手続きに関するパレートの議論は必ずしも明瞭ではないが、それは「あらゆる理論の真偽は仮説構成の手続きではなく検証に由来する」ものであり、「仮説そのものはいかなる手続きによって立てられてもよい」という主張を特徴とする。[70]

理論の虚構性に関する議論の中で触れたように、パレートにとって理論とは、事象の説明と予測にとって有効であるという条件以外には、どのような制約も受けることもなく、まったく恣意的に構成しうる仮説命題を意味している。これに対して検証は、これらの恣意的に立てられた複数の理論から、真に有効な理論を選り分けるための決定的に重要な手続きと考えられた。以上のような、一方で、仮説命題の自由な定立を保障することで理論の創造性を確保し、他方、検証によってその規約性を制限しようとする構図は、すでに検討したヘンダーソンの科学方法論に酷似している。

仮説構成の手続きを限定しないとはいっても、パレート自身が主に伝統的な帰納の原理に依拠していたことは明らかである。[71] だが帰納とは、本来、有限個の単称命題からひとつの普遍命題を導く推論過程を指すのであるが、この原理が論理的にも経験的にも正当化されえず、常に蓋然的推理にとどまらざるをえないものであることは周知の事実である。[72] この問題を回避するひとつの方法として、個々の観察言明から普遍命題を導くのではなく、確率的真理を主張するにとどめるという方法がある。[73]

パレートが帰納的推理によっては全称命題を導き得ないという、いわゆる帰納の問題を明確に意識していたかどうかは定かではない。しかし彼は、「われわれのなすあらゆる探求は偶然的かつ相対的であり、多かれ少なかれ蓋然的で、せいぜい非常に確率の高い結果を生み出しているにすぎない」として科学的真理の蓋然性を主張し、[74] 結果的にこの問題を回避した。それはある意味で、パレートが普遍的命題を導き得ない帰納の原理に依拠したことの必然的結果として考えることもできる。

e) 科学的認識の相対性

だがわれわれは、パレートにおける科学的真理の蓋然性の主張は、基本的にこのような帰納に関する推論上の問題に加えて、論理 – 実験的領域には「絶対ということはありえない」とする、科学的認識の相対性の観念に基づいてなされたものと考えるべきであろう。

パレートによれば、たとえ具体的現象といえども、そのすべてを完全に認識することは不可能であり、したがっていかなる認識も、ある部分についての近似的な認識であるにすぎない。それゆえわれわれは、まず具体的現象の全体をおおまかに捉らえ、しかるのちこれに漸次的に接近してゆくことで、近似の度合いを高めてゆく努力を続けなければならない。これをパレートは「連続的近似の原理（Successive Approximation）」と呼ぶ。

科学は本質的に絶対的認識ではなく、細部への連続的な近似を繰り返すことによって客観的現実に接近してゆく営み以外のものではありえない。そしてまた、こうした努力によってのみ科学は累積的に進歩、発展することができる。以上のような科学的言明の近似性、連続的近似の原理、分析と総合の方法、仮説としての理論、科学の累積的進歩といったパレートの科学観は、いずれも科学的認識の相対性という観念で貫かれている。ここでパレートがたとえ経験的に検証された理論であっても、決してその絶対的な真理性を主張することはできないと主張する時、われわれはそこに反証主義的含意が存在しているかのような印象さえ受ける。

4.2.3 経験と論理の二元性

第3に、実証主義は経験を重視し、形而上学的思弁の排除を主張する点では経験主義と同じであるが、他方、数学や論理学によるア・プリオリな推論規則に基づく演繹を命題の定立に不可欠な要素と考える点において、経験主義とは区別される。

ここで決定的に重要であるのは、経験主義と実証主義とを区別する基準となる「経験と無関係な論理的推論」である。例えば、「すべての人間は死ぬ（大前提）」、「ソクラテスは人間である（小前提）」、ゆえに「ソクラテスは死ぬ（結論）」という有名な三段論法において、大前提と小前提の真偽は経験的

事実に依存するが、そこから演繹された「ソクラテスは死ぬ」という結論の真偽は経験的事実に依存しない。なぜならこの結論は、その推論形式の形式そのもののゆえに真となるのであって、経験的事実と一致するがゆえに真となるのではないからである。

今、仮に「人」をα、「死ぬ」をβ、「ソクラテス」をXで表現してみよう。するとこの三段論法は「すべてのαがβであり、Xがαの一つの要素であるなら、Xはまたβの一つである（$\alpha = \beta$, $X \in \alpha$, $\therefore X \in \beta$）」という命題としてあらわされる。この命題は常に真であるが、それが真であることは経験的事実ではなく、論理的な規則に基づく演算だけで判定されうる。[80]

すでに述べたように、公理さえも繰り返される経験の所産と考えるパレートの徹底した経験主義の主張からは、経験のみならずア・プリオリな論理的推論を重視する視点は出てこない。だがパレートの一定の公理から演繹された数理的な経済学理論を想起すれば、彼が単なる経験主義者でないことは容易に理解できよう。

また『一般社会学大綱』において、命題中の特定の文字列をアルファベットや序数へ置き換えようとするパレートの試みは、同様に文字列を記号で置き換え、命題から経験的要素を排除して、代数方程式のような不特定の要素間の関係を示す論理的形式を取りだそうとする論理分析の手法に似ている。もちろんパレートは論理実証主義者のように厳密な命題の論理分析を行ったわけではない。しかしパレートが実際に特定のキーワードを記号に置き換え、その結果命題が説得力を失ってしまうか否かを判定しようと試みるとき、そこで彼が論理実証主義者と同じように、主として命題の論理的整合性や理解可能性を問題としていたことは明らかである。[81]

4.2.4　測定とデータ処理

4番目に、実証主義は仮説命題を設定し、これを経験的に検証することを基本原理とするが、その際、命題を構成する諸概念が経験的に測定可能であり、また測定によって得られたデータが科学的に処理可能であることを要請する。おそらくパレートは、もっとも早くから社会科学の数量化を志した研究者のひとりである。彼の計量経済学や理論経済学の業績は、まさしくこの

ような方針に従ったものであるし、「政治経済学は純粋経済学において……少なくとも理論においては計量的な学問となった。社会学に関してもわれわれは出来るかぎり質的な考察を量的なそれに置き換えることができるように努力するつもりである」という言明に明らかなように、当初、彼は社会システムの分析においても経済システムの分析で用いたような数学的システム分析の適用を考えていた。

だが結果的にパレートは、現段階では社会システムを構成する諸変数の作用のありかたを数量化し、それらの相互依存関係を方程式の形で記述することは不可能であるとしてこれを放棄した。

4.2.5 科学的一元論

5番目に、実証主義は社会科学であれ自然科学であれ、両者が科学たることに関して原則的な違いは何もないとする科学的一元論の立場をとる。もちろんこの場合、科学的一元論とは自然科学の方法論による社会科学の基礎づけを意味し、両者の総合を意味するものではない。化学や物理学を、とりわけ力学をモデルとして社会科学の構築を目指すパレートが、方法論的に自然科学的一元論を想定していたことは言うまでもない。パレートの場合、この科学的一元論がもっとも顕著に示されるのは彼の法則観においてである。彼は「科学的法則とは実験的斉一性にすぎない」ものと考えたが、さらに「この観点からすれば政治経済学または社会学の法則と、他の諸科学の法則の間にはどのような差異も存在しない」と主張した。そしてそれらの理論が異なったもののように見えるのは、「さまざまな影響がからみあう複雑性」が異なるからであり、かつ「それらの影響を孤立化することができる度合い」が異なるからである。恐らく草創期の社会学者のなかで、科学的一元論をもっとも明確に述べたのはパレートであろう。

4.2.6 科学的認識における価値からの自由

最後に、実証主義は社会的事象についても原則的に事実判断と価値判断を分離することが可能であり、後者は社会科学上の言明から排除されねばならないと考える。パレートの方法論において価値判断排除の問題は、研究対象

の選択に関する価値判断の問題を除き、単なる方法論の問題にとどまらず、『一般社会学大綱』の主要テーマの一つであるイデオロギーの問題と分かち難く結びついている。

a) 価値判断の排除

すでに述べたように論理－実験科学は事象の認識にのみかかわり、諸事実間の斉一性、すなわち法則の探求を目的とする。したがってそれらの理論および命題は、もっぱら真偽の判断に関与する認知的基準によって判断されなければならない。ところがパレートによれば、政治経済学や社会学においては、それらが人間行為に影響を及ぼすことを企図する実践的学問であるがゆえに、主に感情に訴えるということが盛んに行われてきた。[85]なぜなら、社会科学上の理論は一般にそれぞれが「真理である」、すなわち経験と一致するがゆえに主張され受容されるのではなく、おうおうにしてそれが人々の「感情」、または「利害」と一致するがゆえに主張され受け入れられるからである。

そのような場合、本来、人々は「その理論は私の利益と一致する」、「その理論は道徳的に好ましい」、「その理論は美しい・感じがいい」などと述べるべきであるのだが、たいていの場合、人々は単に「その理論は真理である」と表現する。[86]もちろんここでパレートが問題にしているのは、単なる言葉の表現の問題ではなく、その表現が象徴している事実判断と価値判断の混同である。科学における真偽判断は、評価的および情緒的判断と明確に区別されねばならない。

以上のことから、この認識における感情の排除に関する議論が、実は科学における唯一の判断基準としての認知的基準(cognitive standards)とそれ以外の評価的基準(evaluative standards)および情緒的基準(affective standards)とを明確に区別し、科学的判断において後者を排除しようとする価値判断排除の議論であることが明らかになる。もっともパレートは、認識から価値判断を排除する方法については、研究室では厳密な実験科学の方法に従い、研究室を離れればカトリックの信仰に従ったパスツールにふれ、「われわれは自らを二つに分け、研究の場においては価値を離れ、没する」ことが可能であると指摘する以外に何も述べていない。[87]

したがって価値判断の排除を主張する点では同じであるが、パレートにはウェーバーの価値自由のような観点、すなわち人間にとって価値判断は不可避であること、それゆえにこそ自らがよって立つ価値理念を自覚し、相対化することでこれを統制しようとする、より積極的な姿勢を見出しえない。

b) 社会科学の分析方法

だがこの社会科学における認識と価値判断の問題は、パレートを社会学的命題の分析方法における多元性の議論へ導いた。パレートによれば、理論は次の3つの観点から考察されねばならない。[88] まず理論は客観的局面において考察されなければならない。すなわち理論および命題は、それらを主張する人やそれに同意する人とは関係なく、「単に経験と一致するか否か」という点から考察されねばならない。これは理論の「実証的分析」と呼んでよいであろう。

次に理論は客観的局面のみならず、主観的観点からも考察されねばならない。すなわち理論は「なぜある人はA＝Bと主張するのか」について、それを主張する人や受け入れる人との関連で考察されねばならない。この分析は、その原因を心理的、社会的、文化的レベルのいずれのレベルに求めるかでまったく様相を異にする。しかし、もしその原因を社会レベルの変数に、とりわけその命題を主張する個人の利害関心に求める場合、この分析は「知識社会学的分析」となる。

最後にパレートは、理論は効用の局面において考察されねばならないと主張する。すなわち「A＝Bという命題に反映されている感情が、それを主張する人または受容する人にとってどのような利益を持つのか」が問われなければならない。この問いは、もし主張される命題とそれがもたらす利益とを結びつけ、その命題のイデオロギー性を暴くという方向に進むなら、さきほど述べた知識社会学的分析となり、他方、個人または集団に対するその命題の効用を、研究者の視点から客観的に評価するという方向へ進んだ場合は「機能主義的分析」となる。

以上のようにパレートは、社会科学の命題は実証的、知識社会学的、機能主義的という三つの位相において分析されねばならないと主張する。重要な

点は、パレートが自然科学をモデルとする実証的科学としての社会学の定式化を宣言しながら、同時にその分析は知識社会学的分析と機能主義的分析によって捕われねばならないと考えたことである。自然科学のように、客体の主観的意味や、認識の主体と客体の交互作用を考慮する必要のない場合は、純粋に認知的な態度で研究をすすめればよい。だが社会科学で扱われる事象のように、われわれの主観的意味づけ、すなわち当為に関する意識が事象を変化させる可能性を排除できない領域では、分析対象としての命題に絶えず価値評価的要素が混入する可能性がある。このような命題を単に認知的規準で判断しても無意味であろう。それらの命題は、その中に含まれる価値の実現を目的としており、その経験的な妥当性は問題とならないからだ。

5　パーソンズによるパレートの継承

　第Ⅲ章と第Ⅳ章で詳述した通り、事象の綿密な観察および経験的検証の重視、仮説としての理論、概念の実体化批判、科学的言明の近似性と蓋然性、明瞭かつ精確な言葉の使用、文字列の記号による置き換えなど、パレートとヘンダーソンの科学方法論はきわめて類似している。おそらく方法論に関する両者の唯一の相違は、パレートが経験や事実の理論依存性を明確にしえなかったのに対し、ヘンダーソンが概念図式論によって経験や事実の主観的構成および理論依存性を強調したことである。

　社会学理論に関しては、第Ⅲ章で述べたとおり、ヘンダーソンは残基と派生を核とするパレート理論を、ほとんどそのまま踏襲し、彼独自の社会学的概念、命題、理論を呈示することはなかった。ヘンダーソンがいかに優れた頭脳を持っていたとしても、じゅうぶんな基礎知識を欠いたまま、独創的な社会学理論を構築できるはずがない。だがヘンダーソンがシステムおよび社会システムという概念を社会学に定着させた功績は、大いに評価されるべきである。

5.1 科学方法論：実証主義

パーソンズの分析的実在主義は、研究者が主観において合理的に構成した抽象的概念で実在を再構成する、構成主義的な志向をひとつの特徴とする。ゆえに傍目には経験を重視する実証主義と対立するかのような印象を与えるかもしれない。しかしパーソンズの真意は、経験を重視するアメリカの社会学者たちによって不当に貶下された分析的理論の地位を回復し、実証主義の中に適切に位置づけることにあった。

ここで概念と実在との関係が問題となるのだが、パーソンズの方法論からみた場合、パレートはウェーバーと同様に批判されねばならなかった。なぜなら彼らはともに理論や概念の非実在性を強調し、とりわけパレートは概念の抽象性を虚構の根拠としたからである。[89] これに対しパーソンズは理論や概念の抽象性をポジティブに捉え、むしろ抽象性をわれわれの思考を統御する武器と見なした。

パーソンズはウェーバーの方法論に詳細な検討を加えた後、[90]「基本的で論理的な諸点については、自然科学と社会科学の間に差異はない」とし、[91] パレートと同様、科学的一元論の立場を採った。彼によれば、『社会的行為の構造』でとりあげた4人のうち、もっとも明瞭に科学的一元論を主張したのはパレートであった。「パレートは自然科学と社会学の別を問わず、あらゆる経験的説明の科学に共通する一般的な方法的輪郭を提示した」[92]。

パレート、ヘンダーソン、パーソンズがこの実証主義の論理を共有したことは間違いない。それはパーソンズが科学における理論の役割についての考え方に影響をうけた人物としてA.N.ホワイトヘッド、L.J.ヘンダーソン、J.B.コナント、W.B.キャノン、V.パレート、M.ウェーバーを挙げていることからも証明される。

5.2 パレートの社会システム理論とパーソンズ

さて、パーソンズがヘンダーソンを介してパレートから継承した、もうひとつの知的遺産は、いうまでもなく本書のタイトルである社会システム理論である。システムとはある事象をいったん部分に分解し、今度はそれらを再構成することによって事象を認識する、いわゆるデカルトを始祖とする分析

と総合ではなく、それを構成する諸部分の相互影響関係を把握することによって、事象の特性を認識しようとする19世紀後半に登場したパースペクティブである。パレートとヘンダーソンは、この思想的潮流を経済学と生化学で実践した研究者であった。そして彼らからこのシステム論的アプローチを継承したパーソンズも、この潮流につらなるものと考えてよい。

パーソンズは1951年に刊行した『社会体系論(The Social System)』の冒頭で、本書のタイトルはL.J.ヘンダーソンが主張した科学理論におけるシステム概念の重要性、および社会を社会システムとして叙述することがパレートの偉大な研究のもっとも重要な貢献であるという認識に基づいていると述べている。そしてパーソンズもまた社会のシステム分析は、社会システムを構成する諸要素の関係を微分方程式で記述するのが望ましいが、現段階では不可能であり、よってパレートと同様、代替的方法でこれを試みると言明している。しかしその際、彼が、本書は・パ・レ・ー・ト・の・ア・プ・ロ・ー・チ・と・は・か・な・り・違・っ・た・ア・プ・ロ・ー・チで、パレートの意図を成就する試みであると述べていることに留意しなければならない。[93]

なぜパーソンズはパレートのアプローチと異なったアプローチを採らざるをえなかったのか。それはパーソンズがパレートによる社会のシステム分析を失敗に終わったと判断したからである。[94]それではなぜパレートの試みは失敗に終わったのか。パーソンズはその原因として、第1にパレートが社会システムの構成要素としてまったく次元の異なる変数を選択したこと。第2に変数、とりわけ残基と派生の内包があまりにも漠然としており、個別具体的な事象の分析道具として役立たないことを挙げる。

具体的に言えば、まずパレートの社会システムを構成する残基・派生・利害は直接的に個々人の動機に関連するものであるが、社会的異質性は社会システムの構造の側面に関連する概念である。ゆえにこれらを同列に扱い相互影響関係を分析することはできない。次に社会システムの構成要素の曖昧さであるが、これはパレートを読んだ者なら誰もが感じることであろう。パーソンズはその原因をこれらの概念の内容がきわめて粗雑で、かつ体系的に分類・構成されていないことに求めている。[95]

なぜこのような事態に陥ったのか。その原因はパレートがこれらの構成

要素（変数）を抽出するに当たって、彼の言う論理－経験的方法にこだわり、経験的事象からの帰納という手法に固執したためと思われる。パレートは帰納ではなく、主観的・体系的に演繹された行為の準拠枠組（Frame of Reference）を構成し、それに準拠して変数を確定すべきであった。そうすれば残基や派生概念の恣意的印象を避けることができただろう。もちろんパレートの行為理論にも上述の「ABC図式」と「abc図式」が存在する。しかしそれらはあくまで行為理論の準拠枠組である。パレートは行為の準拠枠組の一部をそのまま社会システムの分析に使用している。社会システムの分析には、行為の準拠枠組とは異なる準拠枠組・概念図式を用いなければならない。そうでないと行為レベルとは次元を異にする社会システムの創発的特性を把握することができないからだ。それはパーソンズが行為分析の準拠枠組（目的－手段図式：目的・手段・条件・規範）／（行為者－状況図式：動機志向・価値志向およびパターン変数）と社会システムの準拠枠組（AGIL図式）という別々の準拠枠組・概念図式を準備して分析を行っているのと比較すれば容易に理解できよう。

　しかしパーソンズはパレートの社会システム論は相対的に失敗しているのであり、完全な失敗に終わったとは言っていない。とすればパレートの失敗を反面教師として、その欠陥を克服すれば実り豊かな社会システム理論を構築できる。ここに一縷の希望を見出し、パーソンズは独自の社会システム論の構築に着手した。

6　パーソンズの社会システム理論

6.1　有機体的均衡維持システムとしての構造－機能システム

　パーソンズは代替的方法としてパレート流の力学的システムモデルではなく、W.B.キャノンのホメオスタシスに象徴される有機体的均衡維持システムモデルに依拠し、これにデュルケームの機能分析の発想と、人類学の巨人アルフレッド・レジナルド・ラドクリフ・ブラウン（Alfred Reginald Radcliffe-Brown：1881－1955）およびブロニスロー・カスパー・マリノフス

キー (Bronislow Kasper Makinowski：1884-1942) の人類学的機能主義を取り入れ、構造-機能分析と呼ばれる分析方法を考案した。[96]

ラドクリフ・ブラウンによれば、機能とは全体に対する部分の貢献である。社会システムは構成要素による全体システムへの貢献なしに存続することはできない。ゆえに彼は機能分析の焦点を、社会システムの維持に必要な機能要件と、それを充足する社会システムの構成要素(さまざまな社会制度・慣習・儀礼)との対応関係を確定することに定めた。これに対しマリノフスキーは人間の欲求を充足しない社会制度は存続しえないとして、社会の諸制度や慣習がいかにして個人の欲求を充足するかを機能分析の目標とした。

パーソンズは両者のアイデアを収斂し、一方で社会システムの存続に必要不可欠であり、他方、諸個人の欲求を充足する多種多様な社会制度や慣習のうち、比較的安定したものを「構造」と呼び、社会の欲求(社会構造の維持)と個人の欲求に対する構造の充足作用を「機能」と呼んだ。こうして社会システムの構造の確定と、構造維持に必要な機能要件を分析する「構造-機能分析」の手法が確立された。

1960年にパーソンズは構造-機能分析という名称をマートンの提言を受け入れて「機能分析」と改め、社会システムの比較的安定した諸制度を「構造」、それらの動態的側面を「過程」として両者を並置し、「機能」概念を「構造-過程」が全体システムに果たす役割であるとして「構造-過程」概念の上位に位置づけた。この改訂は構造よりも機能を重視するパースペクティブであり、それはマートンの「機能的等価項目」[97]やN.ルーマンの「機能-構造主義」[98]と一致するパースペクティブの転換であった。

6.2 パーソンズによる社会システムの彫琢

パーソンズはその後も社会システム理論の彫琢を続け、パーソンズ版社会システム論の代名詞ともいえる四機能パラダイム(AGIL図式)[99]を経て、1966年にはノバート・ウィーナー (Norbert Wiener：1894-1964) のサイバネティックスのアイデアを取り込み、社会システムを情報-資源処理システムとして概念化する。[100]

パーソンズは1951年の『社会システム論』で、社会システムを経験的行為システムから抽象化された下位システムとして定式化し、文化システム（行為に主観的・客観的「意味」を与える有意味な記号のシステム）とパーソナリティシステム（目標の実現にむけて行為者の行為を統合する性格・気質・能力のシステム）を社会システム（目標達成または状況への適応を目指して組織化された行為のシステム）の環境とする図式を提示したが、1966年には以上3つの行為システムのサブシステムに行為の動力源としての「行動有機体」を加え、それぞれのサブシステムを4つの機能要件（A：適応：行動有機体）（G：目標達成：パーソナリティシステム）（I：統合：社会システム）（L：型の維持：文化システム）に割り振った。

　この改訂で重要な点は、情報（文化）による社会・パーソナリティ・有機体の制御とエネルギー（自然環境・資源）によるパーソナリティ・社会・文化の条件づけという視点の導入である。ある意味でこの図式は観念論的パースペクティブと唯物論的パースペクティブの総合という意義をもつ。具体的に言えば文化的要素（たとえば宗教や価値観）は社会構造やパーソナリティの構造を規定する。だが逆に自然環境や資源は社会構造や文化的要素の形態に制約を加える。

　パーソンズの社会システム論は、基本的に行為システムの4つのサブシステムにおけるサイバネティックな的制御関係と、これら4つのサブシステムのアウトプット（富・権力・連帯・威信）の6種類の相互交換を骨子とする図式への改訂で彫琢の歩みを止めたとみてよい。彼は最後の著書『行為理論と人間の条件（*Action Theory and the Human Condition*, 1978）』において社会システムをその中に含む行為システムの環境として、上方に文化システムに媒介される究極的価値体系であるテリック・システムを、下方に行動有機体を介して連結される物理−化学システムを組み込んだ、われわれが認識しうる世界全体をシステムとして概念化する壮大な図式を提示した。

　しかしこの概念図式は上方に意味・情報システムが、下方に物理−化学システムがあり、社会システムはこれらのシステムと相互交換しながらその中間に成立するサブシステムであるとする発想に基づいており、それは「手段−目的図式」、「行為者−状況図式」と同様、社会システムを「意味世界と物

理化学的自然」という2つの究極的環境の間に成立する存在と位置づけている点で何も変わっていない。変化したのは、それらの図式がカバーする範囲だけである。

【注】

(1) Barber, 1975, *op. cit.*, pp. 37–9.
(2) ヘンダーソンがいわゆる「人間関係学派（Hawthorne Human Relations）」に与えた影響は社会システム概念、論理的行為と非論理的行為、エリートの周流、均衡といったパレートの諸概念に集約される。それらについては以下の著作を参照されたい。
Roethlisberger, Fritz Jules and William J. Dickson, 1939, *Manegement and the worker*, Harvard University Press.
Roethlisberger, Fritz Jules, 1941, *Management and Morale,* Harvard University Press.
Whitehead, Thomas North, 1938, *The Industrial Worker*, Harvard University Press.
Mayo, George Elton, 1946, *The Humane Problems of an Industrial Civilization,* Boston: Graduate School of Business Administration, Harvard University.
(3) Homans, George Casper & Bailey, Orville T., "The Society of Fellows, Harvard University.", 1933–1947 in Brinton, Crone (ed.), 1959, *The Society of Fellows,* Cambridge, Mass : Harvard University Press, pp.1–37.
(4) Lilienfeld R., 1978, *The Rise of System Theory*, John Wiley & Sons, pp.12–3.
(5) Barber, 1975, *op. cit.*, pp. 42–3.
(6) ホーマンズをヘンダーソンに引き合せたのは彼のチューターであったB.A. デ・ボートである。その後、彼はパレート・ゼミナールへの参加（1932）、パレートの入門書の執筆（1934）、ジュニア・フェロウへの採用（1934–39）、ヘンダーソンの講義「具体社会学」のティーチング・アシスタント（1937）などを通して急速に親しくなってゆく。恐らくヘンダーソンの影響をもっとも強く受けたのはホーマンズであると断言してもよいであろう。彼自身、自伝の中でヘンダーソンとの出会いが自分を社会学者にしたことを、感謝を込めて回想している。（Homans, G.C., 1962, *Sentiment and Activities: Essay in Social Sciences,* The Free Press, Glencoe, pp.3–7.）
(7) 「L.J. ヘンダーソンには、調査方法と理論を構築する上でたいへんお世話に

なった。彼は、ソサイアティ・オブ・フェロウズの会長として自宅で月曜夕食会を開き、まるで司祭のように万事をとりしきっていた。これには A.L. ローウェル、アルフレッド・ノース・ホワイトヘッド、ジョン・リヴィングストン・ローウェル、サミュエル・エリオット・モリソン、アーサー・ダーヴィー・ノックなども出席していたが、なんといっても若手大学教員に人気のあったのはかれであった。わたくしが初めて出席した月曜夕食会でかれは私をつるしあげ、社会に対するわたくしの考えがいかに甘いセンチメンタリズムに根ざしているかとやりこめるのであった。わたくしは、ヘンダーソンの鋭い批判にはらを立てたこともたびたびあったが、そのつど、自分の現地調査だけはかれが言うようなものにはしないぞと決意を新たにするのであった」。(Whyte, W.F., 1943, *Street Corner Society*, The University of Chicago Press. 寺谷弘壬訳,1979,『ストリート・コーナー・ソサイアティ』垣内出版, p.17.)

(8) Parsons, 1977, 前掲訳書, 1992, p.35.
(9) 高城和義, 1992,『パーソンズとアメリカ知識社会』岩波書店, p.89.
(10) Parsons, 1937, *op. cit.*(稲上毅・厚東洋輔, 前掲訳書, 第 1 分冊, p.14.)
(11) Parsons, 1964, *Social Structure and Personality*, The Free Press of Glencoe.（武田良三監訳, 1973,『社会構造とパーソナリティ』新泉社, pp.430-1.) Parsons, 1977, 前掲訳書, 1992, pp.40-1.
(12) Parsons, 1964, 同上訳書, p.435. Parsons, 1977, 同上訳書, p.41.
(13) 恐らく医療専門職の調査は、パーソンズが自ら現場へでかけ実施した唯一のものであろう。パーソンズはなぜこのような調査を行ったのかについて、実証的研究を重視するアメリカ社会学のプレッシャーに対する反発が一つの要因であったことを自伝において述べている。さらにそれは職業上の地位の不安定さを顧慮した結果でもあったろう。(高城和義,1992, 前掲書, p.125.)
(14) Parsons, 1964, 前掲訳書, p.435.
(15) Parsons, 1977, 前掲訳書, p.32.
(16) ここで「経験主義」という用語が特殊な意味で使われていることに注意せねばならない。すなわち「経験主義という言葉は、ある理論体系の諸範疇だけで、それが適用される総体に関しておよそ科学的に重要な諸事実はすべて説明しつくせるのだと明示的にか暗黙的にか主張するような理論体系を指示するために用いられる」。(Parsons, 1937, 前掲訳書, 第 1 分冊 ,p.113.)
(17) ホワイトヘッドによる近代科学批判は、彼が「科学的唯物論」と呼ぶ、原子論的でかつ機械論的な宇宙論に焦点が定められていた。科学的唯物論とは、配列が絶えず変動しながら空間全体に広がっている、それ自体としては感覚も価値も目的もない単なる物質が、その存在の本性には由来しない外的関係によって課せられた一定の運動を繰り返しているにすぎないという宇宙観を

言う。このような世界像をホワイトヘッドは、まったく信じがたいものであり、それは「時空のなかに単に位置を占める〈物質〉」という科学的抽象概念を不当に強調し、これに誤って具体性を与えた結果であると批判した。これがいわゆる「具体性置き違えの誤謬」に他ならない。(Whitehead, A.N., 1925, *Science and Modern World*, New York : Macmillan. 上田泰治・村上至孝訳, 1981,『科学と近代世界』松籟社, p.23, 72.)

(18) Parsons, 1937, 前掲訳書, 第5分冊, p.136.
(19) *Ibid*., p.137.
(20) *Ibid*., p.138.
(21) *Ibid*., 前掲訳書, 第4分冊, pp.133-4.
(22) *Ibid*., 前掲訳書, 第5分冊, p.137.
(23) *Ibid*., p.138.
(24) *Ibid*., p.170.
(25) 分析的実在主義に関する議論を、これら三つのレベルで個別に展開した場合、われわれは彼の科学方法論上の立場を次のように再編成することができるだろう。

1 概念化の方法としての「抽象的構成主義」

科学とは、われわれの主観において合理的に構成された抽象的諸概念および理論によって、実在を主観的に再構成する営みである。概念および理論は実在の一定の特徴を選択し表象することによって創り出されるものであり、実在の反映ではありえない。概念と実在の完全な対応は論理的に不可能であり、またそのような企ては理論や概念による「世界の自由な分節化」の可能性を閉ざし、その創造力を損なうという意味で認められない。

2 存在論的前提としての「実念論」

理論や概念は抽象的であることを本質とする以上、そのままの形で経験的実在のなかに対応物を見出すことはできない。しかしそのことは決して概念による現実の恣意的な歪曲や、概念の虚構性を意味するものではない。科学的概念や理論は、現実の諸側面を適切に把握するものである。逆に言えば、経験的現実を適切に把握しえない科学的概念は科学的に無意味であると言えよう。だが、この概念と実在との対応性は両者の完全な対応ではなく、あくまでも具体的事象から分析的に区分された要素との部分的対応である。

3 認識論的前提としての「実在論」

世界は単なる我々の思惟や意識の所産ではなく、それ独自の客観的存在として実在する。ゆえに認識は思惟や意識といった主観に、客観的実在として存在する事物や事象が与えられることによって成立するのであり、後者が前者に還元される（＝観念論）ことはありえない。すなわちパーソンズの用語

で言えば、思惟による「論理的秩序（logical order）」とは別に、実在の「事実的秩序（real order）」が存在する。後者は前者に反映されるが還元されはしない。
(26) Parsons, 1937, 前掲訳書, 第4分冊, pp.214–5.
(27) Ibid., pp.221–2.
(28) Ibid., 第1分冊, p.74.
(29) Barber, 1975, *op. cit.*, p.76.
(30) Parsons, 1977, 前掲訳書, p.77.
(31) Parsons, 1937, 前掲訳書, 第4分冊, p.192.
(32) Ibid, p.178.
(33) Henderson, 1937, *op. cit.*, 1941–42 edition, in Barber, *op. cit.*, p.76.
(34) Whitehead, 1935, 前掲訳書, p.44.
(35) パーソンズによれば、自然科学と社会科学は、認識の対象となる事象の性格、すなわち経験的データの規則性の程度が異なるだけで、「基本的論理的諸点については、自然科学と社会科学の間に差異はない」（Parsons T., 1937, 前掲訳書, 第4分冊, p.232)。ここで「論理的諸点」とは、分析的実在主義が含意する科学的概念および認識の主観的構成性、抽象性、普遍性などをさしている。
　分析的実在主義が依拠する認識論はカントの構成主義である。ハバーマスが指摘しているように、カントの「可能的認識の諸条件についての先験論理学的な問いは、同時に認識一般の意味の解明を目指していた」のであるが、実際のところ、彼は「暗黙の内に科学の規範的概念を同時代の物理学によって与えられていた」。（Habermas, Jürgen, 1968, *Erkentnis und Interesse,* Frankfurt am Main, Suhrkamp, 1968. 奥山次良〔他〕訳, 1981,『認識と関心』来来社, p.75.）このようなカントの認識論を土台として、生化学者のヘンダーソン、さらには物理学者のホワイトヘッドの認識論や方法論によって骨格を組み上げた分析的実在主義は、当然のことながら自然科学の論理に基づいている。
(36) Parsons, 1937, 前掲訳書, 第1分冊, p.12.
(37) Parsons, 1966, *The System of Modern Societies,* Prentice-Hall, Inc., (井門富二夫訳, 1977,『近代社会の体系』至誠堂, p.10.)
(38) Durkheim, É., 1895, *Les Règles de la méthode sociologique,* F.Alcan, Paris.（宮島喬訳, 1978,『社会学的方法の基準』岩波書店, 第2章.)
(39) Weber, M., 1992, "Soziologische Gurundbegriffe.", *Witshaft und Gesellshaft, Tübingen,* J.C.B.Mohr.（清水幾太郎訳, 1972,『社会学の根本概念』岩波書店, p.24.)
(40) Berger, P.L.,1967, *The Sacred Canopy–Elements of a Sociological Theory of Religion,* Doubleday & Co., N.Y.（薗田稔訳, 1979,『聖なる天蓋』新曜社, p.5.)
(41) 丸山圭三郎, 1984,『文化のフェティシズム』紀伊國屋書店, p.119.
(42) 同書, p.113.

(43) Homans, G.C., 1962, *Sentiment and Activities: Essays in Social Sciences*, The Free Press, Glenco, pp. 44–6.
(44) Parsons, 1937, 前掲訳書, 第1分冊, p.23.
(45) Parsons, 1977, 前掲訳書, p.176. この点に関してパーソンズは、もし理論を公理的前提とそこから演繹された検証可能な具体的事実に関する体系的な命題群と規定するなら、自らが生み出したものは単なる概念図式と呼ばれるものにすぎないことを認めている。(Parsons, 1977, 前掲訳書, pp.86–7.)
(46) Parsons, 1937, 前掲訳書, 第1分冊, p.23.
(47) *Ibid.*, p.73.
(48) *Ibid.*, p.55.
(49) *Ibid.*, p.58.
(50) *Ibid.*, pp.58–63.
(51) *Ibid.*, p.65.
(52) ここで方法論とは、パーソンズにならって科学的命題の妥当性に関する一般的根拠、すなわち観察や検証が行われる手続き、命題や概念の定式化および結論の演繹に関する手続きの妥当性などを意味するものとする。(*Ibid.*, pp.47–9.)
(53) パレートの社会学に関する研究は、そのほとんどがエリートの周流に焦点を定めており、方法論について体系的に記述したものはほとんど見いだすことができない。それではなぜ本書においてパレートの方法論に注目するのかと言えば、それはまず第1に彼の方法論が草創期の社会学における実証主義の考え方を典型的に示しているからであり、第2に、パレートの場合、残基・派生をはじめとする実質的理論と方法とが密接に関連しているからである。富永健一が指摘しているように、自然科学と人文学の谷間に後発の学問として成立した社会科学は、成立当初から固有の方法を持っていなかった。いきおい社会科学は、その方法を先行する自然科学と人文学から借用せざるをえなかったわけであるが、その結果、社会科学は当初より今日にいたるまで、なかば科学なかば人文学という中途半端な性格を宿命的に背負わされることになった。(富永健一, 1993, 『現代の社会科学者』講談社学術文庫, p.32.) M. ウェーバーや E. デュルケームといった草創期の社会(科)学の巨人たちが、方法論の問題と格闘せざるをえなかった理由はここにある。
(54) 富永健一,1993,同書, pp.51–2.
(55) 松嶋敦茂,1985,前掲書, p.19. これに対し佐藤茂行は、パレートに対するコントの影響が自明視されていることに異議を唱え、コントの実証哲学はいわゆる経験論者に共通な考え方を示しているにすぎず、たとえこの点に関してコントとパレートの間に親近性が認められるとしても、認識論に関する限り、

それをコントの影響とみなすわけにはゆかないと述べている。(佐藤茂行, 1993,『イデオロギーと神話』木鐸社, pp.51–2.)
(56) 富永健一, 1993, 前掲書, p.99.
(57) Parsons, 1937, 前掲訳書, 第2分冊, p.79.
(58) 富永健一, 1993, 前掲書, pp.100–2.
(59) Freund, 1974, 前掲訳書, pp.46–50.
(60) Pareto, 1916, *op. cit.*, §6, §59, §112, §613, §1537.
(61) 松嶋敦茂, 1985, 前掲書, p.19. 例えばパレートは、1890年のパンタレオーニに宛てた手紙の中で、「経験こそ至上のものであり、経験以外に真理の基準はありません。経験に合致した結論をもたらすものが真、経験に逆らう結論を導くものが偽であって、実験的に検証されないものは疑わしいということです。……数学的公理は、限りない経験の積み重ねの要約にすぎません……私は、公理と称される原理から出発することには絶対反対です」と述べている。(佐藤茂行, 1993, 前掲書, p.14–5.)
(62) Parsons, 1937, 前掲訳書, 第4分冊, p.178.
(63) Pareto, 1916, *op. cit*, §119.
(64) *Ibid.*, §118.
(65) 「記号表現と記号内容の対応の恣意性」とは、記号の外形と意味の結びつきに必然的な理由がないことを言う。たとえば日本でイヌと呼ばれる動物は、イヌと呼ばれなければならない必然的な理由はなにもない。それはドッグ(英)でもフント(独)でもよいし、あるいはヌイと呼んでもかまわない。これに対し記号による「対象世界の分節化に関する恣意性」とは、語義による世界の分節化に必然的なルールが存在しないことを言う。たとえば英語では「川」を大きさによって〈river-stream〉に分けるが、フランス語では海に注ぐか注がないかで〈fleuve-rivière〉に分節化する。従っていくら大きな川でも湖に流れ込んだり、他の川の支流であったりする場合には rivière と表現される。後者の意味での恣意性の主張が、言語記号による指向対象の創造という観念を含意していることは言うまでもない。(Culler, J., 1976, *Saussure*, Fontana Press. 川本茂雄訳, 1978,『ソシュール』岩波書店, pp.30–1. 丸山圭三郎, 1984,『文化のフェティシズム』勁草書房, 第3章.)
(66) Pareto, 1916, *op. cit*, §64.
(67) 池上嘉彦, 1984,『記号論への招待』岩波新書, pp. 88–94.
(68) ことばによる「非在の現前」とは、シーニュ(記号)に対応するレファラン(指示物)が存在しない(客観的に証明できない)にもかかわらず、主観において実体化され、あたかも指示物が物理的時空間に存在するかのごとく語られることである。たとえば霊魂とか悪霊とか来世といった言葉を考えてみれば

よい。
(69) Pareto, 1916, *op. cit*,§118.
(70) *Ibid.*, §2397.
(71) パレートは自らの立場を論理‐実験的（logico-experimental）と呼ぶが、彼によればこの論理‐実験的科学は、「法則」すなわち「諸事実のあいだに看取される斉一性」の探求を目的とする。(*Ibid.*, §12.) そしてこの目的のために実行されるべき「最初の努力は、社会的事実を分類すること」であり、「われわれが似通った事実の分類を終えたとき、そこからの帰納によっていくつかの斉一性が浮び上がってくる」。(*Ibid.*, §69, §84, §86, §87, §96, §97, §99, §101, §140, §141, §144.)
(72) 帰納の原理は論理的に正当化されえない。なぜなら推論の前提に関する真理性を保証することができないからである。たとえば百万羽のカラスを観察したところ、すべてのカラスの羽根が黒かったので「すべてのカラスは黒い」と推論することは妥当である。にもかかわらず百万一羽目のカラスの羽が黒でない可能性を否定することはできない。次に帰納の原理は経験的にも正当化することができない。なぜなら、今まで帰納の原理に基づいて導かれた推論が経験的に妥当であるように思われ、かつ実践的にも非常にうまく機能してきたと仮定しよう。だがそのことをもって帰納の原理を正当化しようとすることは、帰納的推論を正当化するために帰納的推論を用いるというトートロジーに陥ってしまうからである。(Charmers A.F.,1979, *What is this called Science?*, University of Queensland Press, 1979, 高田紀代志・佐野正博訳,1983,『科学論の展開』恒星社厚生閣, 第2章.)
(73) たとえ何百万羽の黒いカラスを観察しようとも、そこから「すべてのカラスは黒い」と断言することはできないが、「次に出会うカラスも黒い確率はかなり高い」と述べることなら可能である。確率的真理の主張はある種の修正または後退であるとみなされるが、少なくとも帰納の原理につきまとう、有限個の単称命題から普遍命題を導くために必要な論理的飛躍に関する問題を回避することが可能になる。
(74) Pareto, Vilfredo, 1916, *op. cit.*, §29, §69, §97.
(75) *Ibid.*, §108.
(76) *Ibid.*, §106.
(77) *Ibid.*, §69, §105, §106.
(78) *Ibid.*, §106, §144.
(79) 科学理論はそれが事実と一致する限りにおいて受容され、不一致が生じるやいなや廃棄される仮説にすぎないとして (*Ibid.*, 1916, §52, §55, §63.) 理論の絶対的な真理性を主張しない点、検証されるべき仮説はいかなる手続きによっ

て形成されてもよく、その真偽は仮説構成の手続きではなく仮説の検証に由来すると考える点において（*Ibid.*,1916, §2397.）、さらに仮説は必ず検証が可能でなければならないとする点において（*Ibid.*, 1916, §11, §44.）パレートは反証主義に似た見解を示す。しかし反証主義があくまで観察言明による命題の偽の確定を中心原理とする以上、確証に焦点を置くパレートを反証主義の先駆者と見なすことはできない。

(80)　富永健一, 1993, 前掲書, pp.143−4.
(81)　Pareto, 1916, *op. cit.*,§116, §119.
(82)　*Ibid.*, §144.
(83)　*Ibid.*, §144.
(84)　*Ibid.*, §99 §100.
(85)　*Ibid.*, §76, §77.
(86)　*Ibid.*, §14.
(87)　*Ibid.*, §142.
(88)　*Ibid.*, §13, §14.
(89)　*Ibid.*, §64. Parsons, 1937,*op. cit.*, 前掲訳書, 第 4 分冊, P.200.
(90)　パーソンズによれば、ウェーバーは人間行為における規則性の欠如および直接的な意味理解の可能性を根拠として、一般的な理論的諸概念の必要性を否定する歴史主義を批判し、いずれの科学も一般的な諸概念の体系を含まなければ論理的な証明は不可能であることを論証した。そしてこの批判の過程においてウェーバーは自然科学と社会科学との裂け目を架橋する方向へ進み、結果的に実証主義を基盤とする方法論と収斂する立場を形成した。だが、にもかかわらずウェーバーは「二つの科学に関するリッケルトの区別を踏襲しながら不安定で中途半端な地点で立ち止まろうと」して「二つの科学グループの間にあまりに硬直的な方法論的区分を行おうとした」がゆえに、結局、「純粋に論理的側面においては二つの科学の間にいかなる相違もないという見解にまで到達」することができなかった。
(91)　Parsons, 1937, 同上訳書, 第 4 分冊, pp.168−9.
(92)　*Ibid.*, pp. 182−3.
(93)　Parsons, 1951, *The Social System*, The Free Press.（佐藤勉訳, 1974,『社会体系論』青木書店, はしがき.）
(94)　Persons, 1945, "The Present Position and Prospects of Systematic Theory in Sociology.", in Gurvitch, G. and Moore Wilbert E. (ed.), *Twentieth Century Sociology*, New York: Philosophical Library, 1945, reprinted in *Essays in Sociological Theory*, pp.225−6.
(95)　*Ibid*, pp.225−6.

(96) パーソンズはすでに 1945 年の段階で「構造 – 機能的システム (Structural-Functional System)」という用語を使用している。
(97) Merton, Robert King, 1949, *Social Theory and Social Structure,* The Free Press. (森東悟・森好夫・金沢実・中島竜太郎訳 ,1961,『社会理論と社会構造』みすず書房 , p.47.)
(98) Georg Kneer/Armin Nassehi, 1993, *Niklas Luhmanns Theorie Sozialer Systeme, Eine Einfuhrüng*, Wilhelm Fink Verlag München,1993. (ゲオルク・クニール、アルミン・ナセヒ著 , 舘野受男 , 池田貞夫 , 野崎和義訳 ,1995,『ルーマン　社会システム論』新泉社 , 第 3 章参照 .)
(99) 社会システムの維持に不可欠な普遍的機能要件〈A：適応　G：目標達成　I：統合　L：型の維持〉によって、当該社会システムの構造を分析する図式。
(100) 最近の社会システム論では、これを「情報」(制御機能を果たすシグナル性およびシンボル性の、神経情報ならびに外部情報) と資源 (制御された開放システムの素材) に二分し、社会システム自体を「社会的情報 – 資源処理システム」として定式化している。こうしたフローの過程そのものが「社会過程」であって、情報変換 (過程) が資源処理 (過程) を制御すると想定されている。(中野秀一郎 , 1979,「社会学におけるシステム的思考」『現代社会学 12』第 6 巻 2 号 , 講談社 , p.108.)

あとがき

　本書は2006年12月に関西学院大学大学院社会学研究科に提出し、2007年9月14日に博士号を授与された論文「社会システム理論生成史」を、ほぼそのままの形で出版したものである。序章で述べたとおり上記論文には約1万3千字の補論「社会システム論の展開——パーソンズ以降」が記述されているが、内容的に本書のメインテーマから若干乖離しており、かつまたその考察が不十分であるという理由で削除した。

　研究者の研究テーマはしばしば偶然によって決定される。本書の母体となった論文は著者が大学院研究発表会においてタルコット・パーソンズの社会学方法論に関する報告を行った際、ある先生から発せられた「パーソンズの社会システム理論って、どんな過程を経て形成されたの？」という素朴な質問を契機として研究・執筆が開始された。それではなぜパーソンズなのかというと、これまた偶然、筆者が2年生のときハーバード大学を退官していたパーソンズが倉田和四生社会学部長の招聘に応じて関西学院大学に来学し、3カ月間、大学院で集中講義を行ったことがきっかけであった。

　パーソンズをより深く理解するために、私は彼の読書遍歴を辿る旅に出た。ウェーバー、デュルケーム、パレート、フロイト、マリノフスキー、ラドクリフ＝ブラウン、ホワイトヘッド、ヘンペル、ヘンダーソン、シュッツ、マートン、ホーマンズなどである。それは確実に私の知識を増やし、思考力を鍛えてくれたが、同時に巨人たちの業績は私を圧倒し、研究テーマを見出せないまま時間だけが過ぎていった。30半ばになっても就職のあてがなく、かつ結婚して2人の子どもが生まれていた。切羽詰った私は博士論文を執筆し、博士号を取得できたらそこで研究を止め、親戚の商売なり、学習塾なり、とにかく定職に就く覚悟を決めた。ところがほぼ論文の骨格を書き終えたころ、突如、二つの大学から採用の通知を受け取った。就職が決まった気

の緩みから私は博士論文の執筆作業を中断してしまった。

　今回、博士論文の提出を強く促してくださった元吉備国際大学学長の萬成博先生と多忙な中、主査を引き受けてくださり、今や世界を舞台に活躍されている関西学院大学社会学研究科教授、髙坂健次先生のご助力がなければ本書は決して日の目を見ることはなかった。また関西学院大学名誉教授の倉田和四生先生にはたびたび公私にわたり窮地を救っていただいた。あらためて御三方に心から感謝したい。

2009年3月　　赤 坂 真 人

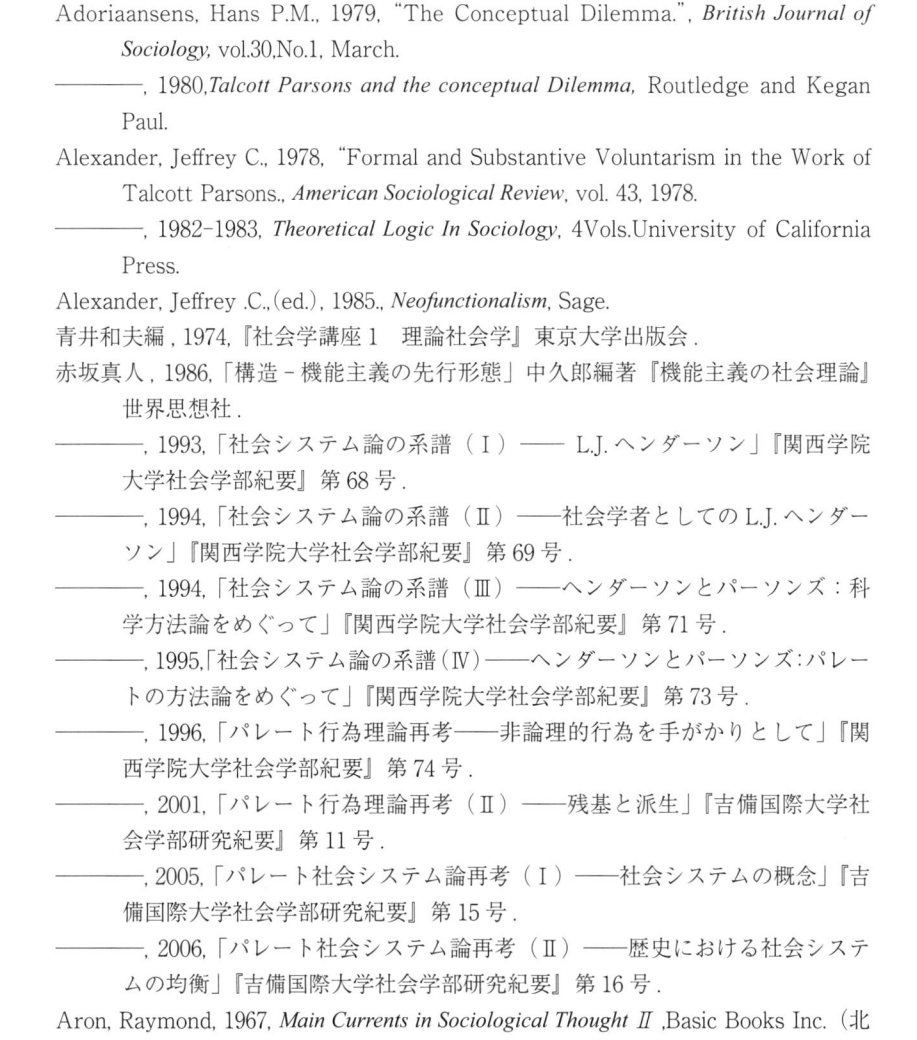

文　献

Adoriaansens, Hans P.M., 1979, "The Conceptual Dilemma.", *British Journal of Sociology*, vol.30,No.1, March.
―――, 1980,*Talcott Parsons and the conceptual Dilemma*, Routledge and Kegan Paul.
Alexander, Jeffrey C., 1978, "Formal and Substantive Voluntarism in the Work of Talcott Parsons., *American Sociological Review*, vol. 43, 1978.
―――, 1982-1983, *Theoretical Logic In Sociology*, 4Vols.University of California Press.
Alexander, Jeffrey .C.,(ed.), 1985., *Neofunctionalism*, Sage.
青井和夫編 , 1974,『社会学講座 1　理論社会学』東京大学出版会 .
赤坂真人 , 1986,「構造 - 機能主義の先行形態」中久郎編著『機能主義の社会理論』世界思想社 .
―――, 1993,「社会システム論の系譜（Ⅰ）―― L.J. ヘンダーソン」『関西学院大学社会学部紀要』第 68 号 .
―――, 1994,「社会システム論の系譜（Ⅱ）――社会学者としての L.J. ヘンダーソン」『関西学院大学社会学部紀要』第 69 号 .
―――, 1994,「社会システム論の系譜（Ⅲ）――ヘンダーソンとパーソンズ：科学方法論をめぐって」『関西学院大学社会学部紀要』第 71 号 .
―――, 1995,「社会システム論の系譜(Ⅳ)――ヘンダーソンとパーソンズ：パレートの方法論をめぐって」『関西学院大学社会学部紀要』第 73 号 .
―――, 1996,「パレート行為理論再考――非論理的行為を手がかりとして」『関西学院大学社会学部紀要』第 74 号 .
―――, 2001,「パレート行為理論再考（Ⅱ）――残基と派生」『吉備国際大学社会学部研究紀要』第 11 号 .
―――, 2005,「パレート社会システム論再考（Ⅰ）――社会システムの概念」『吉備国際大学社会学部研究紀要』第 15 号 .
―――, 2006,「パレート社会システム論再考（Ⅱ）――歴史における社会システムの均衡」『吉備国際大学社会学部研究紀要』第 16 号 .
Aron, Raymond, 1967, *Main Currents in Sociological Thought Ⅱ* ,Basic Books Inc.（北

川隆吉・宮島喬・川崎嘉元・帯刀治訳, 1984, 『社会学的思想の流れⅡ』法政大学出版局.)

新睦人・中野秀一郎, 1982, 『社会システムの考え方』有斐閣選書.

Ayer, Alfred Jules, 1946, *Language, Truth and Logic, Revised Edition,* Victor Gollancz Ltd., London. (吉田夏彦訳, 1955, 『言語・真理・論理』岩波書店.)

馬場靖雄, 2001, 『ルーマンの社会理論』勁草書房.

Barber, Bernard, 1975, *L.J.Henderson On The Social System: Selected Writings,* edited and with an Introduction by Bernard Barber, The University of Chicago Press.

Bellah, Robert, 1980, "The World is the World through its Theorists In － Memory of Talcott Parsons.", *American Sociologist.* vol.5,pp.60-2.

Bellamy, Richard, 1987, *Modern Italian Social Theory: Ideology and Politics from Pareto to the Present,* Cambridge: Polity Press in association with Blackwell.

Berger, Peter Ludwig, 1967, *The Sacred Canopy—Elements of a Sociological Theory of Religion,* Doubleday & Co., N.Y. (薗田稔訳, 1979, 『聖なる天蓋』新曜社.)

Bernard, Irving Chester, 1948, *Organization and Management: Selected Papers,* Harvard University Press. (飯野春樹監訳, 1990, 『組織と管理』文眞堂.)

Bertalanffy, Ludwig von, 1968, *General System Theory,* George Braziller, New York. (長野敬・太田邦昌共訳, 1973, 『一般システム理論』みすず書房.)

Brinton ,Crane(ed.), 1959, *The Society of Fellows,* Cambridge, Mass, Harvard University Press.

Bershady, Harold J., 1973, *Ideology and Social Knowledge,* Blackwell.

Borkenau, Franz.1936, "Pareto.", New York; John Wiley & Sons, Inc. Reprinted in Meisel J.H.(ed.), 1965, *Pareto&Mosca,* Englewood Cliffs, N.J.: Prentice-Hall, pp.109-14.

Black, Max, ed., 1961,*The Social Theories of Talcott Parsons: A Critical Examination,* Prentice-Hall.

Blau, Peter Michael,(ed.), 1975, *Approaches to the Study of Social Structure,* New York: The Free Press.

Bouquet, George Hillarie, 1928, *The Work of Vilfredo Pareto,* Sociological Press, Minneapolis.

Bourricand, François, 1977, *L'individualisme institutional: Essai sur la sociologie de Talcott Parsons,* Presses Universities de France. (G.A. Goldhammer, trans., *1981, The Sociology of Talcott Parsons,* University of Chicago Press.)

Bryant, Christopher, 1982, "Who Now Reads Parsons?", *Sociological Review,* 31.

Buxton, William, 1985, *Talcott Parsons and the Capitalist Nation-State: political*

Sociology as a Strategic Vocation, University of Toronto Press.
Buckley, Walter, 1967, *Sociology and Modern system Theory*, Prentice-Hall. (新睦人・中野秀一郎訳,『一般社会システム論』誠信書房, 1980.)
Cannon, Walter Bradford, 1932, *The Wisdom of the Body*, New York, W. W. Norton Co. (舘鄰・舘澄江訳,1981,『からだの智恵』講談社学術文庫.)
─────,1945, "Biographical Memoir of Lawrence Joseph Henderson : 1878-1942.", in *National Academy of Sciences, Biographical Memoirs*, vol.23. pp.31-58, Washington : The Academy.
Chalmers, A.F., 1979, *What is this called Science?*, University of Queensland Press.(高田紀代志・佐野正博訳,1983,『科学論の展開』恒星社厚生閣.)
Collins, Randall and Makowsky, Michael, 1984, *The Discovery of Society*, 3rd.(ed.), Random House. (大野雅敏訳, 1987,『社会の発見』東信堂.)
Conant, James Bryant, 1947, *On Understanding Science*, Yale University Press.
─────, 1952, *Modern Science and Modern Man*, Columbia University Press.
Creedy, F.,1935, "Residues and Derivations in Three Articles on Pareto.", *Journal of Social Philosophy*, vol.1, No.2, pp.175-9.
Croce, Benedetto, 1935, "The Validity of Pareto's Theories.",*The Saturday Review of Literature*, vol. XII, No.4, May 25. pp.12-3.
Culler, Jonathan, 1976, *Saussure*, Fontana Press. (川本茂雄訳, 1978,『ソシュール』岩波書店.)
Darendorf, Ralf, 1958, "Out of Utopia : Toward a Reorientation of Sociological Analysis.", *American Journal of Sociology*, vol.64, pp.115-7.
Demerath Ⅲ,N.J. and A. Peterson,(ed.), 1967, *System, Change and Conflict*. Free Press.
DeVote, Bernard Augustine, 1935, "The Importance of Pareto.", *The Saturday Review of Literature*, vol. XII, No.4, May, 25, p.11.
Dill, David B., 1967, "The Harvard Fatigue Laboratory: its Development, Contributions and Demise.", *Supplement I to Circulations Research*, vol. XX and XXI, March.
Durkheim, Émile,1895., *Les Règles de la méthode sociologique*, F.Alcan, Paris. (宮島喬訳, 1978,『社会学的方法の規準』岩波文庫.)
Edsall, John Tileston., 1988, "Henderson, Lawrence Joseph.", *Dictionary of American Biography* (Supple.3), American Council of Learned Societies, Collier Macmillan Canada, Inc.
Edward, W. Forbes and John, H.Finley Jr., 1958, *The Saturday Club: A Century Completed, 1920-56.*, Boston: Houghton Mifflin.

Fararo, Thomas J, 1989, *The Meaning of General Theoretical Sociology*, Cambridge University Press.（髙坂健次訳, 1996,『一般理論社会学の意味——伝統とフォーマライゼーション』ハーベスト社.）

Freund, Julien, *PARETO, la théorie de l' équilibre*, Seghers, Paris, 1974.（小口信吉・板倉達文訳, 1991,『パレート——均衡理論』文化書房博文社.）

Ginsberg, Morris, 1936, "Pareto's General Sociology.",*The Sociological Review*, XXVIII,3,July, pp.221-45.

―――, 1947, "The Sociology of Pareto.", *Reason and Unreason in Society.*, William Heinemann Ltd, Chapter IV.

Gouldner, Alvin Ward, 1970, *The Coming Crisis of Western Sociology*, Basic Books.（矢沢修次郎・矢沢澄子訳 1975,『社会学の再生を求めて』三分冊, 新曜社.）

Habermas, Jürgen, 1981, *TEORIE DES KOMMUNICATIVEN HANDELNS*. 3Bde, Suhrkamp Verlag, Frankfurt am Main.（河上倫逸他訳, 1985-87,『コミュニケイション的行為の理論（上）（中）（下）』未來社.）

Hamilton, Peter, 1983, *Talcott Parsons*, London and New York: Tavistock.

Henderson, Lawrence Joseph, 1908, "The Theory of Neutrality Regulation in the Animal Organism.", *American Journal of Physiology.*, 21, pp.427-48.

―――, 1913, *The Fitness of the Environment.* New York: The Macmillan Company.

―――, 1917, *The Order of Nature: An Essay.* Cambridge, Mass: Harvard University Press.

―――, 1927, "Introduction to Claude Bernard.", *An Introduction to the Study of Experimental Medicine.*, translated by H. C. Green, Macmillan Company.

―――, 1932, "An Approximate Definition of Fact.", *University of California Publications in Philosophy* 14: pp.179-99.

―――, 1934, "Science, Logic and Humane Intercourse.",*Harvard Business Review*, April, pp.317-27.

―――, 1935a, "Physician and Patient as a Social System.", *New England Journal of Medicine,* 212, pp.819-23.

―――, 1935b, "Comment and Rejoinders, McDougall vs. Pareto.", *Journal of Social Philosophy*, vol.1, No.2, p.168.

―――,1935c, "The Relation of Medicine to the Fundamental Sciences.", *Sciences* 82: pp.477-81.

―――,1935d, "Pareto's Science of Society.",*Saturday Review of Literature 25,* May, pp.3-4, 10.

―――, 1936a, "The Practice of Medicine as Applied Sociology.",*Transactions of the Association of American Physicians* 51: pp.8-15.

―――, 1936b, [With Elton Mayo] "The Effects of Social Environment.", *Journal of Industrial Hygiene and Toxicology* 18, pp.401-16.

―――, 1937a, "Aphorisms on the Advertising of Alkalis.", *Harvard Business Review,* Autumn, pp. 17-23.

―――, 1937b, "The Science of Human Conduct: An Estimate of Pareto and One of His Greatest Works.", *The Independent,* CXIX: 4045, December 10,pp.575-7, 584.

―――, 1937c.*Pareto's General Sociology: A Physiologist's Interpretation,* Cambridge, Mass: Harvard University Press, 1937.（組織行動研究会訳, 1975,『組織行動論の基礎――パレートの一般社会学』東洋書店.）

―――, 1941a, "The Study of Man.", *Science* 94: pp.1-10.

―――, 1941b, "What is Social Progress?", *Proceedings of the American academy of Art and Sciences* 73：pp.457-63.

―――, *Sociology 23 Lectures,* 1941-42 edition, previously unpublished.

Hempel, Carl Gustav, 1965, *Aspects oh Scientific Explanation and Other Essay in the Philosophy oh Science,* New York: Free Press.

Heyl, Barbara S., 1968, "The Harvard Pareto Circle.", *Journal of History Behavioral Sciences,* vol. IV, No. IV, Oct.

Homans, George Caspar, 1962, *Sentiments and Activities: Essays in Social Sciences,* The Free Press, Glencoe.

―――, 1968, "Henderson L.J.", in D.L. Sills(ed.), *International Encyclopedia of Social Sciences.* New York, Macmillan, vol.VI, pp.350-1.

Homans, George Caspar and Curtis Charles P., 1934, *An Introduction to Pareto, His Sociology,* Knopf, New York.

Homans, G.C. & Baily Orville T., 1959, "The Society of Fellows, Harvard University, 1933-1947.", in Brinton Crane(ed.), *The Society of Fellows,* Cambridge, Mass: Harvard University Press.

Hook, Sindy, 1935, "Pareto's Sociological System.",*The Nation,* CXL: 3651, June 26, pp.747-8.

Horvath, Steven M. and Horvath Elizabeth C., 1973,*The Harvard Fatigue Laboratory; Its History and Contribution,* Prentice-Hall.

House, Floyd Nelson, 1935, "Pareto in the Development of Modern Sociology.", *Journal of Social Philosophy,* vol.1, No1,pp.78-89.

Hughes, H. Stuart, 1958, *Consciousness and Society,* Alfred A. Knopf Inc., New York.（生松敬三・荒川幾男訳, 1970,『意識と社会』みすず書房.）

日向寺純雄, 1982,「パレート社会学とイタリア財政社会学」『青山経済論集』第34

巻3号, pp.1-23.
池上嘉彦, 1984, 『記号論への招待』岩波新書.
伊藤光春・根井雅弘, 1993, 『シュンペーター』岩波新書.
今田高俊, 1986, 『自己組織性──社会理論の復活』創文社.
────, 2004, 『自己組織性と社会』東京大学出版会.
Jean, Mayer, 1968, "Lawrence J. Henderson-A Biographical Sketch.", *Journal of Nutrition.*, vol.94, No.1（January, 1968）.
John, Riley Jr., 1980, "Talcott Parsons: An Anecdotal Profile.", *American Sociologist*, vol.15. pp.66-8.
加藤晴明, 1980, 「ホワイドヘッド イン パーソンズ」『法政大学大学院紀要』第5号.
Kneer, G.&Nasserite, A., 1993, *Niklas Luhmann Theorie sozialer Systeme, Eine Einführung*, (Uni-Taschenbücher Wilhelm Fink Verlag München,. (館野受男, 池田貞夫, 野崎和義訳, 1995, 『ルーマン 社会システム論』新泉社.)
河本英夫, 1995, 『オートポイエーシス──第三世代システム』青土社.
────, 2000, 『オートポイエーシス 2001』新曜社.
────, 2000, 『オートポイエーシスの拡張』青土社.
Lemart, Charles C., 1979, *Sociology and Twilight of Man*, South Illinois University Press.
Lens, Sidney, 1966, *Radicalism in America.*, New York: Thomas Y. Crowell Co.（陸井三郎　内山祐以智訳, 1967, 『アメリカのラディカリズム』青木書店.）
Lilienfeld, R., 1978, *The Rise of System Theory*, John Wiley & Sons.
Livingston, Arthur, 1935, "A Biographical Portrait of Vilfredo Pareto.", *The Saturday Review of Literature*, vol. XII, No. 4, May 25, p.12.
Losee, John Price, 1972, *A Historical Introduction to the Philosophy of Science*, Oxford University Press.（常石敬一訳, 1980, 『科学哲学の歴史』紀伊國屋書店.）
Luhmann, Niklas, 1967, *VERTRAUEN: Ein Mechanismus der Reduktion*, Ferdinand enke verlag.（大庭健　正村俊之訳, 1990, 『信頼：社会的な複雑性の縮減メカニズム』勁草書房.）
────, 1981, "WIE IST SOZIALE RDNUNG MÖGLICH" from *GESELLSCHAFTS STRUKTUR UND SEMANTIK*, Suhrkamp Verlag.（佐藤勉訳, 1985, 『社会システム理論の視座』木鐸社.）
────, 1984, *SOZIALE SYSTEME: Grundriβeiner allgemeinen Theorie.* Suhrkamp Verlag, Frankfurt am Main.（佐藤勉訳, 1993, 『社会システム論』（上）恒星社厚生閣.）
松本和良, 1989, 『パーソンズの行為システム』恒星社厚生閣.
松田正一, 1979, 「社会学の方法論としてのシステム論」『現代社会学12』, 第6巻2

号, 講談社.

松嶋敦茂, 1985, 『経済から社会へ——パレートの生涯と思想』みすず書房.

———, 1996, 『現代経済学史』名古屋大学出版会.

Maturana Humberto R. & Varela Francisco J., 1980. *The Realization and Cognition: The Realization of The Living*. D. Reidel publishing Company.（河本英夫訳, 1991, 『オートポイエーシス——生命とはなにか』国文社.）

丸山圭三郎, 1985, 『ソシュールの思想』岩波書店.

———, 1984, 『文化のフェティシズム』勁草書房.

McDougall, William, 1935, "Pareto as a Psychologist," *Journal of Social Philosophy*, vol.1, No.1, pp.36-52.

Meisel, J.H. (ed.), 1965, *Pareto & Mosca*, Englewood Cliffs, N.J., Prentice-Hall.

Memorial minute by Crane Brinton, Ferry Edwin Bidwell, Wilson and Arlie V. Bock in *Harvard University Gazette*, May 16, 1942.

Merton, Robert King, 1949, *Social Theory and Social Structure*, The Free Press.（森東悟・森好夫・金沢実・中島竜太郎訳, 1961, 『社会理論と社会構造』みすず書房.）

———, 1980, "Remember the Young Talcott Parsons.", *American Sociologist*, vol. 15. pp.68-71.

Mills, Charles Wright, *The Sociological Imagination*, University of Chicago Press.（鈴木広訳, 1965, 『社会学的想像力』紀伊國屋書店.）

森島通夫, 1994, 『思想としての近代経済学』岩波新書.

Morison, Eliot, 1965, *The Oxford History of the American People*.（西川正身翻訳監修, 1976, 『アメリカの歴史』集英社.）

茂呂森一, 1967, 『経営における人間の研究』税務経理協会.

Münch, Richard, 1981, "Talcott Parsons and the Theory of Action I. The Structure of the Kantian Core.", *American Journal of Sociology*, vol.86. pp.709-39.

村中知子, 1996, 『ルーマン理論の可能性』恒星社厚生閣.

Murcheson, Carl, 1935, "Pareto and Experimental Social Psychology.", *Journal of Social Philosophy*, vol.1. No.1, pp. 53-63.

中野秀一郎, 1970, 『体系機能社会学』川島書店.

———, 1979, 「社会学におけるシステム的思考」『現代社会学12』, 第6巻2号, 講談社.

———, 1999, 『タルコット・パーソンズ——最後の近代主義者』東信堂.

中久郎, 1986, 『機能主義の社会理論』世界思想社.

永瀬伸介, 1978, 「Vilfredo Pareto 科学論の素描的レリーフからする方法論的客観性と方法論的社会」『経済科学』, pp.149-68.

仲本昌樹, 2006,『分かりやすさの罠』ちくま新書.
Obituary, Science, vol.95, No.2460, Friday, February 20, 1942.
大田一廣・鈴木信雄・高哲男・八木紀一郎, 1995,『経済思想史　社会認識の諸類型』名古屋大学出版会.
Parascandola, John L.,1968, "Lawrence Henderson and the Concept of Organized System.", *Unpublished Dissertation.*, University of Wisconsin, Madison.
―――, 1971, "Organismic and Holistic Concepts in the Thought of L.J.Henderson.", *Journal of the History of Biology.*, vol.4,No.1,Spring,pp.63-113.
Pareto, Vilfredo, 1906, *Manual di economia politica con una introduzione alla scienza sociale*, Milano. (*Manual of Political Economy*, translated by Ann S. Schwier, Augustus M. Kelley Publishers New York,1971.)
―――,1909, *Manual d'économie politique*, Paris.
―――, 1916, *Trattato di Sociologia Generale: G.Barbéra.* (*The Mind and Society. A Treaties on General Sociology*, 1935, translated by Andrew Bongiorno and Arthur Livingston, 1935, New York; Harcourt Brace. 北川隆吉・廣田明・板倉達文訳, 1987,『社会学大綱』青木書店：原書第 12 章と 13 章のみ翻訳.)
Parry, Geraint, 1969, *Political Elites,* George Allen & Unwin Ltd,1. (中久郎他訳, 1982,『政治エリート』世界思想社.)
Parsons, Talcott, 1935, "Review of Mind and Society by V. Pareto and Pareto's General Sociology by L.J.Henderson.", *American Economic Review*, vol. XXV, pp.502-8.
―――, 1936, "Pareto's Central Analytical Scheme.",*Journal of Social Philosophy*. vol.I.3, pp.244-6.
―――, 1937, *The Structure of Social Action: A Study in Social Theory with Special Reference to a Group of Recent European Writers,* New York: McGraw-Hill. (稲上毅・厚東洋輔訳,『社会的行為の構造』全五巻, 木鐸社［1974-89］.)
―――, 1938, "The Role of theory in Social Research.", *American Sociological Review,* vol.3,pp.13-20.
―――, 1938, "The Roles of Ideas in Social Action.", *American Sociological Review,* vol.3,pp.653-64.
―――, 1939, "The Professions and Social Structure.",*Social Forces,* vol.17, No.4, pp.457-67.
―――, 1940, "The Motivation of Economic Activities.", *Canadian Journal of Economics and Political Sciences,* vol.6, No.4, pp.187-203.
―――, 1945, "The Present Position and Prospects of Systematic Theory in Sociology.", in Gurvitch, G. and Moore, Wilbert E. (ed.), *Twentieth Century*

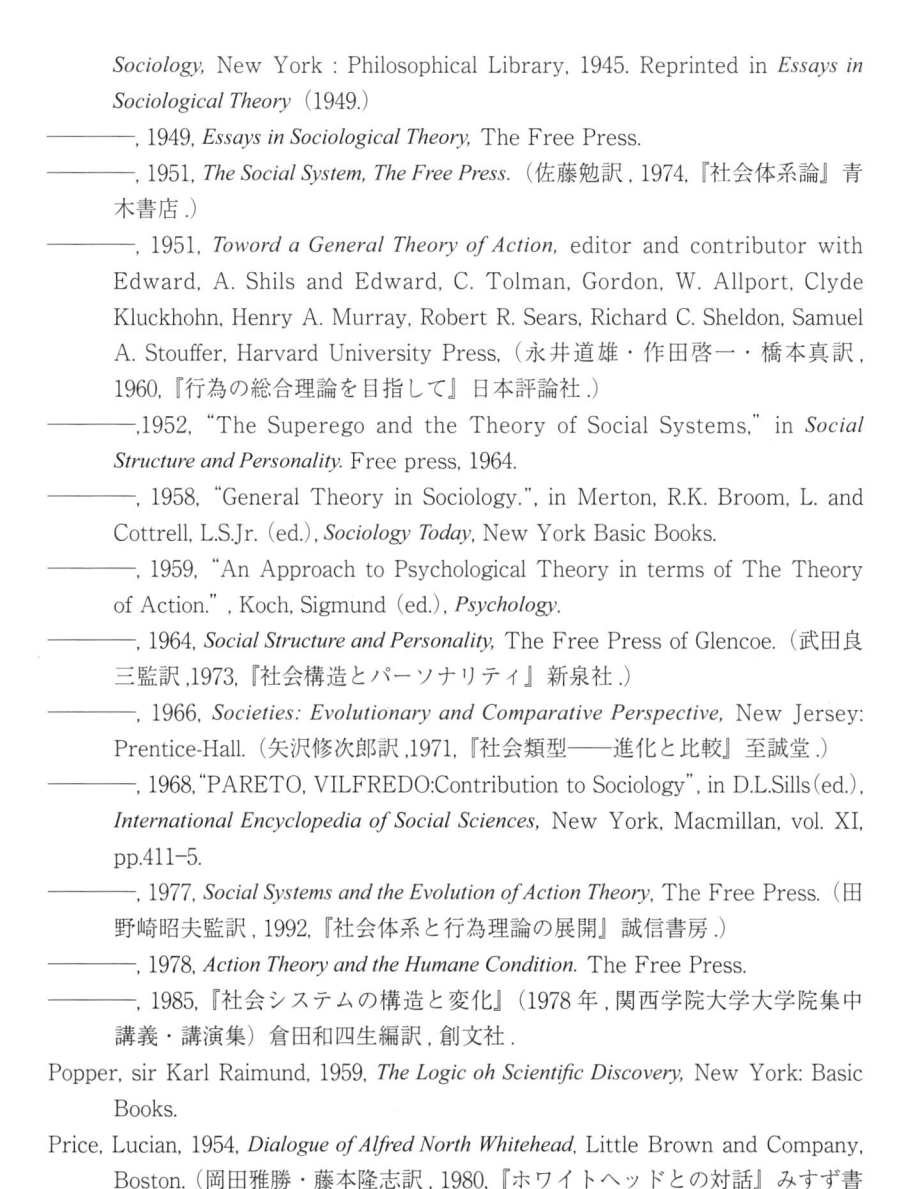

　　　　 Sociology, New York : Philosophical Library, 1945. Reprinted in *Essays in Sociological Theory*（1949.）
　　――, 1949, *Essays in Sociological Theory,* The Free Press.
　　――, 1951, *The Social System, The Free Press.*（佐藤勉訳, 1974,『社会体系論』青木書店.）
　　――, 1951, *Toword a General Theory of Action,* editor and contributor with Edward, A. Shils and Edward, C. Tolman, Gordon, W. Allport, Clyde Kluckhohn, Henry A. Murray, Robert R. Sears, Richard C. Sheldon, Samuel A. Stouffer, Harvard University Press,（永井道雄・作田啓一・橋本真訳, 1960,『行為の総合理論を目指して』日本評論社.）
　　――,1952, "The Superego and the Theory of Social Systems," in *Social Structure and Personality.* Free press, 1964.
　　――, 1958, "General Theory in Sociology.", in Merton, R.K. Broom, L. and Cottrell, L.S.Jr.（ed.）, *Sociology Today,* New York Basic Books.
　　――, 1959, "An Approach to Psychological Theory in terms of The Theory of Action.", Koch, Sigmund（ed.）, *Psychology.*
　　――, 1964, *Social Structure and Personality,* The Free Press of Glencoe.（武田良三監訳,1973,『社会構造とパーソナリティ』新泉社.）
　　――, 1966, *Societies: Evolutionary and Comparative Perspective,* New Jersey: Prentice-Hall.（矢沢修次郎訳,1971,『社会類型――進化と比較』至誠堂.）
　　――, 1968, "PARETO, VILFREDO:Contribution to Sociology", in D.L.Sills（ed.）, *International Encyclopedia of Social Sciences,* New York, Macmillan, vol. XI, pp.411-5.
　　――, 1977, *Social Systems and the Evolution of Action Theory,* The Free Press.（田野崎昭夫監訳, 1992,『社会体系と行為理論の展開』誠信書房.）
　　――, 1978, *Action Theory and the Humane Condition.* The Free Press.
　　――, 1985,『社会システムの構造と変化』（1978年, 関西学院大学大学院集中講義・講演集）倉田和四生編訳, 創文社.
Popper, sir Karl Raimund, 1959, *The Logic oh Scientific Discovery,* New York: Basic Books.
Price, Lucian, 1954, *Dialogue of Alfred North Whitehead,* Little Brown and Company, Boston.（岡田雅勝・藤本隆志訳, 1980,『ホワイトヘッドとの対話』みすず書房.）
Powers, C. and Hanneman, R., 1984, "Pareto's Equilibrium Theory : A Formal Model and Simulation.", in Randall Collins（ed.）, *Sociological Theory,* San Francisco: Jossey-Bass Publishers.

Rocher, Guy, 1972, *Talcott Parsons et la sociologie americane,* Presses Universities de France.（*Talcott Parsons and American Sociology,* translated by Barbara and Stephen Mennell, Thomas Nelson and Sons Ltd., in England, 1974.）

Ronald, M.Ferry, 1942, "Lawrence Joseph Henderson 1878-1942.",*Science,* vol.95, No.246.

Russet, Cynthia Eagle, 1966, *The Concept of Equilibrium in American Social Thought,* New Haven: York University Press.

佐々木恒夫，1973,「ローレンス・J・ヘンダーソンについての覚書き——バーナード理論の社会学的基礎」『千葉商大論叢』,第11巻,第1号-B.

―――, 1975,「訳者あとがき—ローレンス・J・ヘンダーソン：その人と業績」組織行動研究会訳『組織行動論の基礎——パレートの一般社会学』東洋書店,pp.116-44.

作田啓一，1972,『価値の社会学』岩波書店．

Samuelson, Paul A. & Nordhaus ,William D., 1989, *ECONOMICS,* Thirteen Edition.（都留重人訳，1992,『経済学』［原書13版］岩波書店．）

佐藤勉，1991,『社会学的機能主義の研究』恒星社厚生閣．

―――, 1997,『コミュニケーションと社会システム』恒星社厚生閣．

佐藤茂行，1993,『イデオロギーと神話 パレートの社会科学論』木鐸社．

Savage, Stephen P., 1981, *The Theories of Talcott Parsons: The Social Relation of Action.* London: Macmillan Press.

Sorokin, Pitirim, 1928, *Contemporary Sociological Theories,* Harper & Brothers, New York and London.

Schumpeter, John Alois, 1949, "Vifredo Pareto（1848-1923),"*The Quarterly Journal of Economics;* LVIII, 2, May, pp.147-73.

Schutz, Alfred, 1964, *Collected Papers II* , Martinus Nijhoff.

Schwanenberg,Enno,1976, "On the Meaning of the Theory of Action.", *Explanation in General Theory in Social Science,* Chapter 1.

Sica, Alan, 1988, *Weber Irrationality and Social Order,* Berkley: University of California Press.

新明正道，1935,『現代知識社会学論』巌松堂書店．

―――, 1967,『社会学的機能主義』誠信書房．

―――, 1974,『社会学における行為理論』恒星社厚生閣．

―――, 1982,『タルコット・パーソンズ』恒星社厚生閣．

塩野谷祐一，2002,『経済と倫理——福祉国家の哲学』東京大学出版会．

Skidmore, William, 1979, *Theoretical Thinking in Sociology,* Cambridge University Press.

進藤雄三, 1986,「パーソンズの社会システム論」中久朗編著『機能主義の社会理論』世界思想社.
―――, 2006,『近代性論再考 パーソンズ理論の射程』世界思想社.
Stark, Werner, 1963, "In Search of the True Pareto.", *The British Journal of Sociology*, XIV,2, June, pp.103-13.
鈴木広・嘉目克彦・三隅一人編, 2000,『理論社会学の現在』ミネルヴァ書房.
鈴木広・秋元律朗編著, 1985,『社会学群像 (1)』アカデミア出版会.
高城和義, 1986,『パーソンズの理論体系』日本評論社.
―――, 1989『アメリカの大学とパーソンズ』日本評論社.
―――, 1992,『パーソンズとアメリカ知識社会』岩波書店.
―――, 2002,『パーソンズ 医療社会学の構想』岩波書店.
田中芳美, 1992,『現代哲学の基礎』世界思想社.
田野崎昭夫編, 1975,『パーソンズの社会理論』誠信書房.
Timasheff, N.Serge, 1957, "The Social System, Structure, and Dynamics.", *Sociological Theory*, New York: Random House Inc., pp.159-66.
Tufts, James Hayden, 1935, "Pareto's Significance for Ethics.", *Journal of Social Philosophy*, vol.1, No.1, pp.64-77.
Turner, Jonathan H., 1974, "Parsons as a Symbolic Interactionist: A Comparison of Action and Interaction Theory.", *Sociological Inquiry*, 44(4), pp.283-94.
津田真澂, 1972,『アメリカ労働運動史』総合労働研究所.
富永健一, 1986,『社会学原理』岩波書店.
―――, 1990,『日本の近代化と社会変動――デュービンゲン講義』講談社学術文庫.
―――, 1993,『現代の社会科学者――現代社会科学における実証主義と理念主義』講談社学術文庫.
―――, 1995,『行為と社会システムの理論――構造機能変動理論をめざして』東京大学出版会.
―――, 1996,『近代化の理論』講談社学術文庫.
―――, 1998,『マックス・ウェーバーとアジアの近代化』講談社学術文庫.
富永健一・徳安彰編著, 2004,『パーソンズ・ルネッサンスへの招待――タルコット・パーソンズ生誕百年を記念して』勁草書房.
友枝敏雄, 1998,『モダンの終焉と秩序形成』有斐閣.
宇田川拓雄, 1978,「パーソンズにおけるホワイトヘッド問題」『社会学研究』36号.
Wallace, Walter L,1969, *Sociological Theory*, Aldine Publishing Company.
―――, 1971, *The Logic of Science in Sociology*, Aldine Publishing Company.
Weber, Max, 1921,*Gesammelte Aufsäze zur Religionssoziologie*, 3Bde, Vorbemerkung.

(大塚久雄・生松敬三訳, 1973,『宗教社会学論集』みすず書房.)

―――, 1922, "Über einige Kategorien der Verstehenden Soziologie.", *Wirtshaft und Gesellshaft,* Tübingen, J.C.B.Mohr. (林道義訳, 1968,『理解社会学のカテゴリー』岩波文庫.)

―――, "Soziologiche Grundbegriffe.",*Wirtshaft und Gesellshaft,* Tübingen, J.C.B.Mohr, 1922. (清水幾太郎訳, 1972,『社会学の根本概念』岩波文庫.)

Whitehead, Alfred North, 1925, *Sciences and Modern World, New York:* Macmillan, 1925. (上田泰治・村上至孝訳, 1981,『科学と近代世界』松籟社.)

―――, 1929, *Process and Reality: an essay in cosmology,* Cambridge University Press. (山本誠作訳, 1984-5,『過程と実在』松籟社.)

Whyte, William Foote, 1943, *Street Corner Society,* The University of Chicago Press. (寺谷弘壬訳, 1979,『ストリート・コーナー・ソサイアティ』垣内出版.)

Wolf, William B., 1973, "Conversations with Chester I. Barnard.", *ILR Paperback,* No.12, Cornell university. (飯野春樹訳「回想のバーナード (Ⅰ)・(Ⅱ)・(Ⅲ)」『関西大学商学論集』第18巻, 第1号, 2号, 第3号.)

Wrong, Dennis Hume, 1961,"The Over Socialized Conception of Man in Sociology.", *American Sociological Review* 26: pp.183-93.

―――, 1974, *The Basic Barnard: An Introduction to Chester I. Barnard and His Theories of Organization and Management,* Cornell University. (日本バーナード協会訳, 1975,『バーナード経営哲学入門――その人と学説』ダイヤモンド社.)

八杉龍一, 1964,『生物学の歴史（下）』NHKブックス.

山下和也, 2004,『オートポイエーシスの世界』近代文芸社.

吉田民人・鈴木正仁, 1995,『自己組織系とはなにか』ミネルヴァ書房.

吉原正彦, 1976,「L.J.ヘンダーソン研究序説――ハーバードにおける活動の軌跡」『千葉商大論叢』第14巻, 第3号, pp.239-66.

Zeitlin, Irving M., 1968, *Ideology and the Development of Sociological Theory,* Prentice-Hall, Inc. (山田隆夫訳, 1982-83,「ヴィルフレッド・パレート (Ⅰ) (Ⅱ) (Ⅲ)」『阪南論集』人文自然科学編, 第18巻, 2号, 3号.)

索　引

人名索引

ア
アルスバーク ,C.L.　67
アレンズバーク ,C.M.　115
アロン ,R.　25, 56, 57

イ
今田高俊　2, 6

ウ
ヴァレラ ,F.J.　79
ウィーナー ,N.　146
ウィーラー ,W.M.　74
ウイリアムス ,R.　61
ウィルソン ,E.B.　111
ウェーバー ,M.　3, 14, 23, 120, 121, 122, 125, 128, 134, 141, 143, 152, 155
ウォージントン ,R.V.　90
ウォーナー ,W.L.　61
ウォルフ ,W.B.　104
ウッドワード ,R.B.　114

エ
エドソール ,D.L.　71

カ
カーチス Jr,C.P.　114
ガイ ,E.F.　117
カルナップ ,R.　96, 108
カント ,I.　126, 151

キ
ギブズ ,J.E.　64, 65, 69
キャノン ,W.B.　1, 63, 65, 101, 119, 143, 145

ク
クラックホーン ,C.　75, 115
クリスティアンセン ,J.　71
クローグ ,A.　71
クローチェ ,B.　71

コ
コーン ,E.J.　71
コナント ,J.B.　117, 143
コント ,A.　16, 55, 77, 132, 134, 152

サ
サミュエルソン ,P.A.　8, 115
サン・シモン　132

シ
シェリントン ,C.S.　65
シュレジンジャー Jr,A.　115
シュンペーター ,J.A.　5, 8, 18, 75, 115, 118

ス
スキナー ,B.S.　114
スメルサー ,N.J.　114

セ
セリグマン ,E.R.　90

ソ
ソローキン ,P.　85, 106, 117

タ
ダグラス ,C.G.　71
タフツ ,J.H.　89

テ
ディル ,D.B.　71, 79
デーヴィス ,K.　5, 61, 115, 116
デ・ボート ,B.A.　75, 90, 107, 115, 148
デュルケーム ,E.　3, 127, 128, 145

ト

ドーナム ,W.B.　73
ドカーニュ ,M.　72
富永健一　36, 132, 152
友枝敏雄　38

ニ

ニーチェ ,F.W.　29

ネ

ネイゲル ,E.　130

ハ

バーガー ,P.L.　128
バークロフト ,J.　65
パーソンズ ,T.　1, 2, 3, 4, 5, 14, 19, 23, 27, 55, 61, 62, 75, 76, 85, 99, 113, 115, 116, 117, 118, 119, 120, 121, 122, 123, 125, 126, 127, 128, 129, 130, 131, 132, 143, 144, 145, 146, 147, 149, 151, 155, 156
バーナード ,C.I.　3, 75, 101, 104, 105, 109, 110, 113, 115
バーバー ,B.　3, 5, 66, 111, 113, 115, 116
パーブロフ ,I.P.　65
ハウス ,F.N.　89, 106
ハックスレー ,A.　90
ハッセルバルヒ ,K.A.　71, 78
パラスキャンドラ ,J.L.　66
パルマー ,W.　70, 104, 120
パレート ,V.　1, 2, 3, 4, 5, 7, 8, 9, 10, 11, 12, 13, 14, 15, 16, 17, 18, 19, 21, 22, 23, 24, 25, 26, 27, 28, 29, 30, 31, 32, 33, 34, 35, 36, 37, 38, 39, 40, 41, 42, 44, 45, 46, 47, 48, 49, 50, 51, 52, 53, 54, 55, 57, 58, 59, 74, 75, 76, 85, 86, 134, 135, 136, 137, 138, 139, 140, 141, 143, 153, 154, 155
ハンス ,A.E.D.　63
パンタレオーニ ,M.　7, 153

ヒ

ヒックス ,J.R.　8

フ

ファイナー ,S.E.　11
ファラロ ,T.J.　1, 50
ブスケー ,G.H.　90
ブリントン ,C.　75, 86, 87, 113, 115
フロイト ,S.　4, 6, 29, 33, 35
フロイント ,J.　29

ヘ

ヘイル ,B.S.　86
ベルナール ,C.　64, 65
ヘンダーソン ,L.J.　1, 2, 3, 4, 5, 61, 62, 63, 64, 65, 66, 67, 68, 69, 70, 71, 72, 73, 74, 75, 76, 77, 78, 79, 85, 86, 87, 90, 91, 92, 93, 94, 95, 96, 97, 98, 99, 100, 101, 102, 103, 104, 105, 106, 107, 108, 109, 110, 111, 112, 113, 114, 115, 116, 117, 118, 119, 120, 124, 125, 126, 148
ヘンペル ,C.G.　130

ホ

ポアンカレ ,H.　93, 95, 125
ボーア ,C.　71
ホーマンズ ,G.C.　1, 2, 5, 61, 75, 85, 88, 113, 114, 115, 116, 130, 148
ホールデン ,J.S.　65, 71
ボック ,A.　71, 120
ホフマイスター ,F.　67
ホワイト ,W.F.　5, 61, 113, 114, 115, 116, 149
ホワイトヘッド ,A.N.　62, 94, 108, 114, 116, 120, 126, 143, 149, 150, 151
ホワイトヘッド ,T.N.　111, 113

マ

マクドゥーガル ,W.　34, 90
マーシャル ,A.　3
マーチソン ,C.　89
マートン ,R.K.　5, 30, 61, 75, 85, 115,

116, 146
マーレー ,H.A.　5, 75, 115
松嶋敦茂　8, 11, 15, 24, 51, 52, 53, 106
マッハ ,E.　95
マトゥラーナ ,H.R.　79
マリノフスキー ,B.K.　145, 146
マルクス ,K.H.　29, 51, 59, 87, 118
丸山圭三郎　128, 153
マンハイム ,K.　33

モ

御崎加代子　9

ム

ムーア ,W.E.　61

メ

メーヨー ,G.E.　6, 73, 113, 119

ラ

ラグランジュ ,J.L.　8
ラセット ,C.E.　64
ラドクリフ・ブラウン ,A.R.　145, 146

リ

リチャーズ ,T.W.　66, 67, 70, 77, 92

ル

ルーマン , N .　1, 2, 6, 146

レ

レスリスバーガー ,F.J.　113

ロ

ロウズ ,J.L.　114
ローウエル ,A.L.　66
ロック ,J.　37, 134
ロビンソンズ ,J.H.　35

ワ

ワルラス ,L.　7, 8, 9

事項索引

ア

赤い10年　　87
アメリカ社会党　　87, 106
暗示的意味　　103

イ

イタリア鉄鋼会社　　7, 47
一般社会学大綱　　12, 14, 15, 18, 19, 34, 46, 50, 55, 74, 85, 88, 89, 90, 107, 138
イデオロギー　　25, 29, 33, 36, 37, 48, 53, 98, 140, 141
意図せざる結果　　30
意味学派　　5, 129
医療社会学　　62, 91, 99, 117, 118, 119
因果関係　　62, 67, 105, 121

エ

AGIL図式　　145, 146
abc図式　　26, 27, 145
ABC図式　　15, 19, 25, 26, 27, 145
エスノメソドロジー　　5, 129
エネルギー　　69, 70, 147
エリートの周流　　2, 18, 19, 39, 40, 43, 44, 47, 49, 50, 87, 152
演繹　　145, 152

オ

オートポイエーシス　　79
オフェリミテ　　9, 10, 12, 13, 38, 52

カ

解析力学　　8
蓋然性　　95, 136, 137
概念実在論　　122
概念図式　　5, 92, 93, 94, 96, 101, 102, 104, 118, 120, 124, 125, 126, 129, 130, 131, 134, 142, 152

科学外的理論　　16, 26, 27
科学史　　66, 67, 92
科学的一元論　　132, 139, 143
科学的知識　　20, 24
科学的認識　　93, 94, 95, 132, 137
科学的命題　　16
科学哲学　　5, 15, 50, 62, 67, 91, 92, 131
確率の真理　　136, 154
仮説命題　　35, 136, 138
価値　　4, 33, 35, 52, 54, 57, 89, 98, 147
価値関心　　124, 126
価値合理的　　3
価値自由　　141
価値判断　　48, 53, 58, 139, 140, 141
価値評価　　16, 54, 95, 142
観察　　16, 92, 104, 105, 142
感情　　3, 14, 16, 17, 24, 26, 27, 28, 31, 32, 33, 34, 35, 38, 39, 55, 74, 89, 90, 99, 100, 103
緩衝作用　　68, 78
感情の相互作用　　99
感情もしくは原理との合致　　32, 33
感情を表現せんとする欲求　　31
観念論　　123, 128, 147, 151

キ

機械論　　62, 63, 64, 120
記号　　33, 36, 96, 127, 129, 134, 135, 153
疑似論理的行為　　29
基数的効用　　9
狐　　41, 47
帰納　　15, 16, 17, 35, 92, 94, 125, 136, 137, 145, 154
機能主義　　2, 4, 62, 63, 85, 141, 142
機能主義者　　2, 29
機能的等価項目　　146
機能分析　　30, 145, 146
機能要件　　146, 147, 156
詭弁の推論　　28, 38
規約主義　　93
客観的目的　　20, 21, 22, 30
Q点とP点　　12

事項索引　175

共産主義（者）　37, 50, 86, 87
均衡点　8, 9, 10, 39, 40, 97
均衡分析　2, 4, 6, 7, 8, 12, 18, 38, 39, 51
金利生活者　18, 46, 47, 48

　　　　ク

具体社会学　98, 101, 110, 115, 148
具体性置き違えの誤謬　94, 120, 121, 150

　　　　ケ

経験主義　120, 121, 122, 132, 133, 137, 138, 149
経験と無関係な論理的推論　137
経済学講義　8, 11
経済システム　2, 6, 7, 8, 12, 39, 109
経済的行為　18, 19
経済的繁栄　46, 47
経済的利害　44, 47, 102
形而上学　16, 33, 34, 35, 54, 69, 79, 89, 93, 95, 127, 134, 135, 137
血液　61, 65, 68, 70, 71, 72, 77, 78
結合の本能　31, 36, 41, 42, 44
権威　32, 37
言語的表象　16, 17, 25, 26, 27, 28, 34, 36, 55
検証　9, 16, 30, 35, 89, 95, 104, 124, 125, 130, 136, 138, 142, 155
現象学的社会学　5, 129

　　　　コ

行為システム　3, 147
行為者−状況図式　148
行為理論　3, 4, 5, 14, 19, 27, 28, 145
交換　1, 10, 147
恒常的要素　27, 29, 34
構成主義（者）　92, 93, 122, 125, 150, 151
構造−機能主義　2, 62
構造−機能分析　1, 146
行動　13, 16, 17, 22, 23, 24, 25, 26, 27, 28, 55

行動有機体　147
効用　9, 12, 13, 14, 38, 40, 52, 53, 56, 58, 106, 141
合理化　3, 36, 37, 98
功利主義（者）　9, 14, 121
合理性　3, 14
合理的要素　3
コード　103, 129
言葉の上の証明　32, 33
言分け　128
個別主義的経験主義　120, 121, 122
コミュニケーション　32, 99, 100, 104
コンテクスト　103

　　　　サ

財　8
策略　40, 41
サブシステム　12, 147
残基　17, 18, 19, 26, 27, 28, 29, 31, 32, 33, 34, 35, 36, 37, 38, 39, 41, 42, 43, 44, 46, 49, 50, 51, 55, 56, 58, 88, 102, 107, 112, 144
残基の布置状況　45, 46

　　　　シ

自己組織系　1, 2
事実　35, 96, 120, 124, 125, 126, 128, 130, 135, 138, 142, 149, 151
事実判断　139, 140
システム分析　2, 3, 4, 89, 97, 144
システム理論　1, 2, 4, 15, 19, 38, 143
自然権　37
自然法　37, 38, 54
実在論　123, 125, 126, 127, 129, 134, 135, 150
実証主義　9, 79, 88, 104, 119, 125, 126, 131, 132, 133, 137, 138, 139, 143, 152
実証主義的経験主義　120, 121, 122
実証哲学　132, 152
指標　34, 55, 105
自明の意味世界　129
社会学方法論　91, 102

社会学理論　1, 3, 85
社会契約　3, 38
社会システム　4, 5, 12, 15, 17, 19, 31, 38, 39, 40, 42, 44, 50, 53, 61, 74, 75, 76, 85, 91, 93, 94, 97, 99, 102, 109, 113, 116, 142, 143, 144, 146, 147, 156
社会システムの構成要素　18, 39, 42, 109, 144
社会システム理論　1, 2, 4, 6, 15, 143, 145, 146
社会性に関する残基　32
社会秩序　3, 4, 14, 31, 37, 38, 56
社会的事実　52, 127, 128, 129
社会の異質性　18, 19, 40, 42, 43, 44, 144
主意主義的行為理論　3, 5
集合意識　127, 128
集合体の維持　31, 42, 45
主観的構成性　124, 151
主観的目的　20
主観的要素　35
呪術的行為　21
循環　25, 29, 37, 48, 50, 60, 65
準拠枠組　19, 24, 25, 26, 27, 124, 145
純粋経済学　9, 12, 13, 14, 51, 133, 139
情緒的判断　140
情報　146, 147, 156
序数的効用　9, 106
心的状態　17, 24, 25, 26, 27, 28, 55
心的状態の言語的表象　16, 17, 26, 27, 28, 55
人道主義　11, 38, 41, 48, 57
シンボリック・インタラクショニズム　5

ス

推論形式　104
数理社会学　1, 50

セ

生化学（者）　1, 3, 61, 62, 63, 64, 67, 70, 92
生気論　62, 63, 79

政治体制　45, 59
精神身体医学　99
精神分析　33, 35, 100, 111
性的残基　32
制度化　4
生物学的システムモデル　1
セルフ・インタレスト　118, 119
選好　8, 9
潜在的機能　30
選択理論　9
専門職　119, 149

ソ

相互依存関係　1, 42, 49, 75, 139
相互交換　69, 147
総波及効果　24, 30
創発的特性　62, 97, 145
ソサイアティ・オブ・フェローズ　62, 113, 114, 115, 149
それ〈独自の実在〉　127
存在被拘束性　36

タ

タブー　21
断言　32

チ

力の行使　40, 41, 45
知識社会学（者）　2, 29, 33, 37, 98, 106, 107, 129
知識社会学的分析　29, 141, 142
抽象化　17, 124, 135
抽象主義　122, 125
直観主義的経験主義　120, 121, 122
直感的習熟　104

テ

適合性　20, 21, 22, 23, 69, 70
テリック・システム　147
伝統的　3, 23

事項索引　177

ト

ドイツ歴史学派　121
同意　45
投機家　18, 46, 47, 48, 50
動態的均衡　4, 6, 38, 50
統治階級　18, 45
道徳（的）　3, 140
トリノ理工科大学　7, 51

ナ

内面化　4

ニ

入門講義社会学 23　76
人間行為　3, 20, 27, 38, 47, 140, 155
人間行為の非論理性　12, 14, 15 28, 31, 90
人間理性　3
認識　109, 121, 122, 125, 127, 140, 141, 142, 151
認識主体　133
認識対象　135
認識論　2, 91, 123, 125, 127, 134, 153

ノ

ノモグラム　72

ハ

パーソナリティ　4, 147, 167
パーソナリティシステム　147
ハーバード・パレート・サークル　5, 86
派生　17, 18, 19, 26, 27, 28, 29, 31, 32, 33, 34, 35, 36, 37, 38, 39, 40, 42, 43, 44, 48, 49, 53, 55, 88, 102, 107, 144
派生体　17, 18, 26, 27, 28, 36, 39, 49, 53, 58
パレート改善　52
パレート最適　10, 12
パレート・セミナー　118
パレートの法則　8, 11

ヒ

非科学的命題　16
非合理性　3, 14
非合理的要素　3
被統治階級　18
疲労研究所　62, 72, 73
非論理性　12, 15, 16, 38
非論理的行為　4, 11, 14, 15, 16, 17, 18, 19, 20, 21, 22, 23, 24, 26, 27, 28, 30, 35, 38, 56, 57, 88, 148

フ

ファシズムのマルクス　50, 106
フォーマルセオリー　1, 2
物理－化学的システム　64, 65, 68, 96, 97
物理学モデル　40
普遍主義　122
普遍命題　136, 154
文化システム　147
分析的実在主義　2, 4, 5, 120, 122, 123, 124, 125, 126, 127, 129, 143, 150, 151
分析的概念　122, 123, 124, 131
分析的抽象性　120, 121, 123, 125, 126
分節化　124, 125, 128, 129, 134, 135, 150, 153

ヘ

閉鎖システム　40
ペシミズム　46
変数　3, 8, 39, 42, 62, 72, 73, 75, 93, 96, 97, 102, 144, 145

ホ

方法論的個人主義　128
暴力　40, 41
ホメオスタシス　1, 63, 65, 145
ホモ・エコノミクス　8
本能　32, 34, 90
本能的行動　17, 22, 23

マ

マサチューセッツ総合病院　71, 104, 120
満足　8, 9, 10, 13

ミ

身分け　128
民主政　45

ム

無差別曲線　9, 10

モ

目的－手段関係　24, 30
目的－手段図式　145
目的論　69, 70, 79, 95

ユ

唯物史観　59, 86, 87
唯名論　123, 126
誘導論理　17, 18, 32
有用な虚構　122

ヨ

欲望　8, 17
より洗練された帰納主義　125
四機能パラダイム　146

ラ

ライオン　41
ラング　128

リ

利害（利益）　3, 18, 19, 39, 40, 42, 43, 44, 45, 102, 141, 144
利害関心　12, 33, 141
力学的システムモデル　1, 2, 145
理念型　120, 122, 123, 124, 126, 131

ル

類型概念　131
疑似科学的論理　38

レ

レトリック　18, 33, 36
連続的近似の原理　137
連帯　3, 147
連立微分方程式　8, 39, 51

ロ

ローザンヌ学派　8
論理　25, 58
論理－実験的方法　89
論理実証主義　51, 91, 95, 96, 109, 132
論理的行為　4, 14, 18, 19, 20, 24, 26, 27, 35, 88, 102, 148
論理的推論　16, 27, 28, 38, 137, 138
論理的粉飾　12, 16, 26, 28, 29, 32, 33

ワ

枠組　93, 121

著者略歴

赤 坂 真 人（あかさか・まこと）

1957 年	兵庫県に生まれる
1985 年	関西学院大学大学院社会学研究科博士課程単位取得満期退学
	社会学博士（関西学院大学・2007 年）
現　在	吉備国際大学大学院准教授
著　書	機能主義の社会理論（分担執筆　世界思想社・1986）
	阪神大震災の社会学（分担執筆　昭和堂・1999）
	基礎社会学（単著　ふくろう出版・2006）
訳　書	カナダ多民族社会の構造（共訳　晃洋書房・1994）
	アメリカン・ライフにおける同化理論の諸相（共訳　晃洋書房・2000）

社会システム理論生成史
V. パレート・L.J. ヘンダーソン・T. パーソンズ

2009 年 8 月 31 日初版第一刷発行

著　者	赤坂真人
発行者	宮原浩二郎
発行所	関西学院大学出版会
所在地	〒662-0891
	兵庫県西宮市上ケ原一番町 1-155
電　話	0798-53-7002
印　刷	協和印刷株式会社

©2009 Makoto Akasaka
Printed in Japan by Kwansei Gakuin University Press
ISBN 978-4-86283-043-2
乱丁・落丁本はお取り替えいたします。
本書の全部または一部を無断で複写・複製することを禁じます。
http://www.kwansei.ac.jp/press